간밤에 사라진 물고기

오기영 수필집

오늘의문학사

국립중앙도서관 출판시도서목록(CIP)

간밤에 사라진 물고기 : 오기영 수필집 / 지은이: 오기영. --
대전 : 오늘의문학사, 2015
p. ; cm

표제관련정보: 삶에 지친 이들에게 위안을 주는 행복에세이
ISBN 978-89-5669-684-3 03810 : ₩10000

한국 현대 수필[韓國現代隨筆]

814.7-KDC6
895.745-DDC23 CIP2015014415

간밤에 사라진 물고기

⚭ 책을 내면서

제가 문인이라는 공식 명칭을 얻게 된 것은 2004년 가을이었습니다.

문예 백일장에서 '나의 이웃' 이란 글제로 '대상'의 영광을 차지하면서 당시 동구문학 회장님으로 계셨던 김명동 회장님의 추천을 받아 「평화를 부르는 노래」와 「어린 시절」이란 두 편의 수필을 내면서 신인 문학상을 받게 되었습니다.

학창 시절부터 편지 쓰기와 일기 쓰기를 즐겨했던 저는, 틈만 나면 혼자 좌석버스를 타고 동학사 계곡을 찾아 맑은 물 흐르는 물줄기 바위틈에 앉아 산에서 나는 각종 소리에 귀 기울이기를 좋아했습니다. 그리고 가져간 공책에 소리나는 대로, 생각나는 대로, 옮겨 쓰기를 즐겼습니다. 그러면서 그 소리에 나만의 표현을 덧붙이기 시작했습니다. 그렇게 해서 쓴 시 아닌 시가 족히 100편은 넘었습니다.

입시를 바로 코앞에 둔 여고생에게 시적 감성은 사치에 불과했습니다. 제가 바라는 국어 선생님이 되기 위해 할 수 없이 시 쓰는 일을 그만두어야 했습니다.

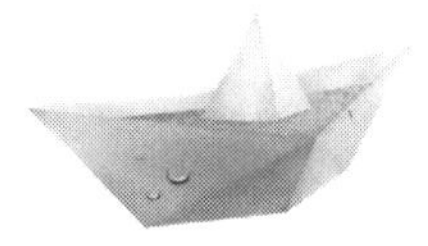

1984년 입학한 대학은 여러 우여곡절을 겪으면서 7년 만에 졸업하게 되었고, 그 이듬해 결혼이 곧 나의 행복이라고 믿었던 중매로 늦은 결혼을 하게 되었습니다.

큰 딸 아이가 초등학교에 들어가고, 당시 동시로 교과서에 시가 실린 채정순 아동 시인을 담임으로 만나 그 분의 추천으로 '대통령기 전국 독후감 대회'에 처음으로 나가게 되었습니다. 운이 좋았는지 전국에서 6명만 수상자를 선정하는 대회에서 '우수상'을 받게 되었고, 그 이듬해도, 또 이듬해도 계속 수상하게 되는 영광을 누릴 수 있었습니다.

'기쁨 뒤에 반드시 슬픔이 온다고 하였던가!'

제게도 아니, 우리 가족에게도 쓰디쓴 고통과 역경이 다가오고 주부로 머무르며 행복했던 순간도 잠시였습니다. 생계를 책임지기 위해 6살, 10살 난 딸을 집에 두고 방문교사 길로 들어섰습니다.

그리고는 눈 깜짝할 사이 십 년 이란 시간이 흘렀고, 직장도 안정을 찾을 무렵, 다시 시작된 불행의 씨앗이 서서히 내 목을 조르고 있었습니다. 이젠 가족이 아닌 내가 살기 위한 버거운 싸움을 벌여야 했습니다.

그 때 같은 학교에 근무하고 계신, 성난 사나운 짐승도 꼬리 내리게 만드는 능력을 지니신 인품 좋고 도량 넓어 모든 사람들의 마음을 순화시키는, 정봉진 교장 선생님을 만나게 되었습니다. 선생님은 나 보다 남을 먼저 생각하도록 하는 배려심을 길러주고, 모든 일을 긍정적인 사고로 바라보는 관점을 갖도록 꾸준히 나를 이끌어 주셨습니다.

주변에 훌륭한 사람이 있으면 그 주위 사람들을 변화 시킨다고 했던가요?

내 자신에게 달라진 부분이 있다면 긍정적인 마음을 갖도록 노력한다는 것과 남의 입장도 생각할 줄 아는 배려심을 배우게 되었다는 것입니다. 그리고 어려운 상황에 처한 사람들에게, 사업에 실패하여 실의에 빠져 있는 친구에게 내가 받았던 그 고마운 위로의 글을 나도 전하고 있습니다. 글을 받은 친구는 용기와 희망을 가지고 다시 새로운 일로 일어서는 것을 보고 뿌듯함도 배워간다는 것을 알았습니다.

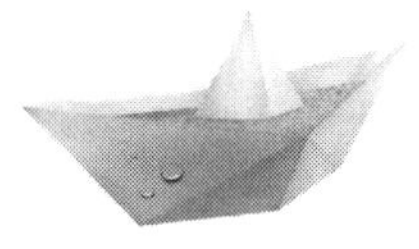

변화된 나의 모습을 글로 남기고 싶어 그동안 썼던 글을 모아 책을 내야겠다는 결심을 하였습니다.

지금 이 순간, 전 사랑에 빠진 사춘기 아이처럼 가슴이 뛥니다. 나만이 아는 글 사랑에 깊이 빠져들었기 때문입니다

바쁘신 와중에도 직접 뛰어 다니시며 언제나 물심양면으로 여러 도움을 주시는 김명동 회장님께 감사드립니다. 또한 망설이는 제게 책을 낼 수 있도록 격려를 아낌없이 해주신 정봉진 교장 선생님께도 진심으로 감사의 인사를 전합니다. 제 삶을 소중하게 만들어주는, 사랑하는 가족과 지인들 그리고 제 이야기에 귀를 기울이려 이 책을 펼친 독자 분들께도 모두 고맙습니다.

험난하고 모진 인생길 위에서 이 한 권의 책이 당신에게 좀 더 힘차고 활기차게 웃으면서 걸어나갈 수 있는 힘을 보탤 수 있기를 바랍니다.

⊂⊃ **축하의 글**

수필집 발간을 축하드립니다

정 봉 진 대전문정초등학교 교장

오기영 선생님은 아이들을 극진히 사랑합니다. 아이들 중에서도 돌봄이 필요한 어려운 아이들에게 더없는 사랑을 줍니다. 그녀는 오늘도 돌봄 아이들을 돌보면서 공부를 가르치고 있습니다. 돌봄 아이들에게 그녀는 친구이면서 어머니입니다. 어려운 아이들을 사랑하고 가르치기에 많은 이야기 거리를 가지게 됩니다. 그녀의 일상생활이 이야기가 되고 글이 됩니다. 그 이야기 거리를 글로 표현하길 좋아하지만 책으로 편찬하기에는 망설임이 있었습니다. 글을 다른 사람들 앞에 펼치기엔 아직 자신이 없고 겸손한 마음이 커서 그렇습니다.

그렇지만 오기영 선생님은 돌봄 선생님으로 아이들 가르치는 수업에는 항상 자신감이 넘칩니다. 수업을 보고 있노라면 아이들에 대한 사랑을 느낄 수 있고 그 느낌이 아이들 가슴에 부딪혀서 감동의 분위기를 만들고 교실안 전체에 아이들의 행복을 만들어냅니다.

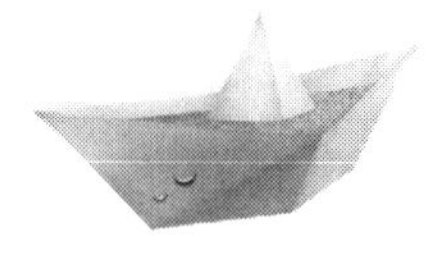

그런 아이들은 선생님을 한없이 사랑하고 존경합니다. 그들의 학부모님도 덩달아 선생님을 사랑하고 존경합니다. 이러한 사랑이 오기영 선생님을 더욱 자신 있게 만들었나봅니다.

이제 오기영 선생님은 돌봄을 펼치는 자랑스런 행복과 자신감으로 자신의 새로운 세계에 대한 토대를 마련하고자 그녀의 세계가 담긴 수필집을 펼치게 되었습니다. 돌봄 아이들을 가르치고 남편과 자녀들의 뒷바라지와 가정살림을 해야 하는 주부로써 글을 쓰고 책을 만드는 이 노력은 실로 감탄하지 않을 수 없습니다. 글을 쓰기도 어렵지만 그 글을 책으로 편찬하기란 너무 어려운 작업일 것 같은데도 이번에 수필집을 펴내는데 정말 큰 맘 먹고 어려운 결단을 하셨으리라 생각합니다. 정말 크게 축하드리고 싶습니다.

문학에는 시와 소설 등, 다양한 종류가 있는데, 시는 주로 비유와, 상징의 기법으로 표현하는 운문인가 하면, 소설은 인생이나 자연을 제재로 한 허구로 꾸며낸 이야기가 아닌가 생각합니다. 이들 시나 소설의 작자는 직접 작품의 전면에 나서지 않지만, 수필은 글을 쓴 자신이 겪은 체험적 사실이기에 자신이 직접 작품 속에 등장하기에

펼쳐지는 내용이 솔직하게 서술되어야 하고 무엇보다 남들에게 읽혀지는 만큼, 다수가 공감할 수 있는 진실로 표현하는 고백 문학인 것 같습니다.

오기영 선생님 수필을 읽으면 사실의 전달에서 끝나지 않는 진실성을 찾을 수 있었습니다. 또한 체험적 사실의 고백에만 그쳤다면, 감동이 없었을 텐데 이 글은 읽으면 읽을수록 고개가 끄덕여지고 가슴이 뭉클하며 큰 감동이 파도처럼 밀려옵니다. 그 감동은 두뇌에 호소하고, 다시금 그 잔잔한 물결이 나의 가슴에 부딪쳐서 처음보다 더 큰 감동을 느끼게 만든다는 사실을 깨닫게 되었습니다.

이 책에서 오기영 선생님은 어려움을 겪을 때마다 그 어려움을 극복하고 행복을 쌓아나가는 방법에 대한 그의 현명한 통찰력을 공유하고 있음을 알게 됩니다. 그는 우울하고 스트레스 받는 일상생활에서 긍정적이고 행복한 환경으로 바꾸기 위해 본인이 할 수 있는 매우 간단하고 명백한 매일의 행동변화를 제시하고 있기도 합니다.

많은 경제부흥을 가져온 우리나라이지만 그럴수록 각박해지는 사회 속에서 어려운 사람들은 상대적 빈곤감을 느끼게 되는 우리

현실입니다. 오기영 선생님이 지도하는 돌봄 아이들을 보면 가슴이 아프고 안타깝기만 한데, 선생님은 그 어려운 아이들에게 꿈과 희망을 심어주시며 묵묵히 사도의 길을 가고 있는 모습을 보고 늘 감탄을 하곤 했는데 이 책을 읽게 되면 힘든 직장생활을 행복으로 승화시킬 수 있고 선생님의 글에서 큰 정신적 위안을 찾을 수 있겠다 싶습니다.

살면서 상처받고 힘들어 할 때 누군가 다가와서 가만히 안아 주는 것은 너의 힘든 삶을 내가 대신할 수는 없지만, 그래도 네 편에 서서 너와 함께 하겠다는 또 다른 표현이 아닐까요?

포근하게 감싸 안아 주는 것이 위안이 되고 힘이 되고 더욱 행복하게 하는 것처럼 이 글을 읽으면 자신도 모르게 위안이 되고 힘이 되고 큰 행복감을 느끼게 될 것이라 생각이 됩니다.

또한 이 글을 읽는 사람들은 자신의 과거를 돌아볼 수 있는 시간을 갖게 되고 아름다운 추억 속에서 행복을 느낄 수 있을 거라고 공감하기에 적극 추천하는 바입니다. 감사합니다.

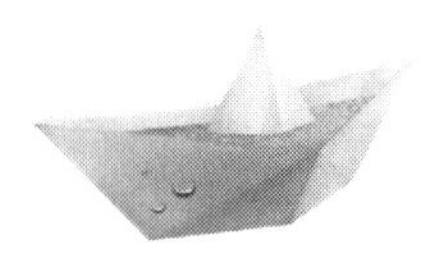

제1부 저 산 너머에

제2부 낡은 흑백 사진 한 장

제3부 가슴에 소나기를 담다

제4부 함께 숨을 쉬는 세상

제 1 부

저 산 저 너머에

그대라는 이름만으로

그대 그리움이 날 깨우는
참 좋은 아침입니다.

그대 생각이 내 하루를 마중 나온
참 좋은 아침입니다.

생각만 하여도 이렇게 좋은데
내 얼굴에 미소가 이는데

오늘 하루도
어제처럼 행복한 시간들로 채워지겠지요.

나보다 그대가
더 행복하길 바라면서
시작하는 아름다운 아침

그대도 행복하게
보냈으면 좋겠습니다.

카카오 스토리의 「세상의 모든 명언」에 실려 있는 글을 인용한 부분이다.

내게는 아직 '그대' 라는 이름만 들어도 가슴 설레는 그런 청춘이 남아 있다. 오십을 넘긴 내게 그런 설렘을 가져다 준 이는 바로 23년을 한 이불 속에서 함께 뒤척거리는 남편이다.

넷째 여동생의 시이모와 남편의 둘째작은어머님의 중매로 만난 우리는 생긴 모습에다 웃는 모습까지 똑같다며, 똑같은 사람끼리 살면 잘산다는 말이 있다는 주위 사람들의 부추김과 양가 부모님의 서두름으로 선을 본 지, 4달 만에 신혼방을 차리게 되었다.

여동생 둘을 먼저 시집보내고, 독신을 고집하며 하나밖에 없는 남동생과 자주 다투는 둘째 딸이 보기 싫었던지, 결혼 전에 미리 살림 합치기를 원하는 시댁의 의견에 친정 부모님은 고물 실려 보내듯이 선뜻 받아들이고 말았다.

내 의지와는 다르게 합방 일도, 결혼 날짜도 모두 양가 부모님 손으로 속전속결 이루어졌다.

자매들이 모여사는 2층 양옥집은 항상 동네 어르신들의 호기심 대상 1호였다. 호리호리하고 아리따운 자매들 넷 중에 누가 몇 째이고, 무엇을 하는 처자들인지, 결혼은 누가 하고 누가 안 했는지, 나이는 몇 살이며, 심지어 부모님은 무엇을 하는지 말이다.

나를 첫 기점으로 고등학교를 대전으로 유학 오게 되면서 일 년에 1명씩 6명이 6년 동안 합쳐졌다. 부엌도 없는 방 하나로 시작하여 2층 양옥집을 우리 집으로 갖기까지는 무수히 많은 사연과 함께 이삿짐을 싸야 했다.

간호 대학을 나온 언니는 대학 졸업과 함께 사제지간으로 스승을 만나 곧바로 결혼하면서, 내가 살림을 도맡아 하게 되었고, 동생 넷을 데리고 있으면서 늦은 대학 공부와 함께 고등학교에 다니는 남동생의 도시락도 함께 싸야만 했다.

입맛 까다롭기로 유명한 막내 남동생은 끄덕하면 반찬 투정에 누나들을 장난감 대상으로 삼았던 개구쟁이였다. 그 당시(80-90년대) 비싼 햄이나 소시지, 그리고 새로 나온 신제품 참치만을 고집했기에 도시락을 싼다는 것은 내게 여간 고민이 아닐 수 없었다. 하나밖에 없는 남동생을 애틋하게 생각하신 부모님은 학교 근처에 하숙을 치게 해주었는데 1년을 못 채우고 가족이 그리웠는지, 누나들이 사는 집으로 들어와서 함께 살기를 고집했다.

언니에 이어 셋째, 넷째 여동생이 애인이 있는 바람에 먼저 결혼을 하게 되고, 항공우주연구소 비서직으로 있던 막내 여동생과 고등학생인 남동생, 그리고 늦깎이 대학생 나만이 넓은 2층 양옥집 살림을 꾸려 나가고 있었다.

당시 내게는 교회 친구들을 비롯하여, 도시로 유학 온 고향 초등학교 동창들, 같은 집에 함께 살던 또래 친구들, 그리고 방송통신대 행정학과 같은 동기들 등, 아는 사람들이 많았다. 하지만 첫인상이 차갑고 쌀쌀맞은 성격 때문인지 데이트 신청에서 자주 낙하산을 태우는 때문인지, 애인 없는 내 까칠한 성격 때문에 8살 아래인 남동생과 자주 부딪히다 보니, 남동생은 시집 못 간 노처녀 히스테리 부린다는 말을 자주 오르내렸고, 난 그 말이 듣기 싫어 선을 보게 되었다.

지금은 없어진 목척교 앞 중앙데파트 커피숍은 당시 최고의 맞선 만남 장소였다. 시골에 사시는 부모님 대신 언니를 대동하고 나간 맞선 자리는 스물여덟 노처녀에게는 부담스럽고 부자연스러운 자리였다.

눈 쌍까풀 수술로 인하여 한 달이 지났음에도 눈두덩 주변은 주먹으로 한 대 얻어맞은 것처럼 퉁퉁 부어오른 모습을 하고 그 장소에 앉아 있으려니, 그 이유로 맞선에서 퇴짜 맞기를 은근히 기대했는데 그것은 아무런 도움도 되지 못했다. 오히려 유독 땀이 많은 내게 부채를 선물한다는 이유로 퇴근 후, 계속 집으로 찾아오는 남편의 용기 있는 행동으로 인하여 나보다 동생들에게 후한 점수를 받고 더 가까워진 계기를 만들었다.

장미꽃으로 내 마음을 사로잡으려 했는지 첫 번째 만남은 붉은 장미꽃 한 개, 두 번째 만남은 두 개, 세 번째는 세 개…….

그렇게 100송이를 채우고 난 뒤에 꽃을 좋아했던 내가 조금은 그에게 마음을 주었던 것 같다.

그러던 어느 날 차가운 물을 데워 목욕탕에서 좌욕을 하려고 변기 위에 올려놓았던 뜨거운 물을 건드리게 되면서 온몸에 쏟게 되어 가슴 부위부터 발끝까지 물집이 생기는 화상을 입게 되었고, 1층에 세 들어 살던 제부의 도움을 받아 재빨리 병원에 이동하여 치료를 받을 수 있었다.

그러나 친정엄마는 그것으로 못 미더웠는지 하시는 여관을 다른 이에게 잠시 맡겨 두고, 화상에 흉터가 생기지 않는다는 민간요법을 해주겠다며 서둘러 그날 우리 곁으로 오셨다.

빨갛게 짓무른 부분이 많은지라 많은 감자를 강판에 가는 일도 힘들었다. 퇴근을 하고 여느 때와 마찬가지로 집으로 찾아온 서방은 놀란 토끼 눈이 되어 걱정스런 눈빛으로 쳐다봤다. 엄마는 몸에 흉이 생겨 결혼 날짜 받아 놓고 혼사가 깨질까 두려웠는지 예비 사위에게 직접 갈은 생감자를 상처 부위에 발라주라고 이르셨다.

거의 맨 몸이다시피 한 채 홑이불만 덮고 누워 있는 속옷 차림의 몸 위에 그는 정성스런 손길로 어린아이 다루듯이 부드럽게 올려놓았다. 그럼에도 불구하고 따끔거려 몸을 비틀어대는 내가 안타까웠는지, 연신 입으로 호호 불어댔다. 엄마의 상경 소식을 듣고 온 동생들의 말 농담에 그는 얼굴이 금방 빨개지는 모습을 보였다.

"언니, 알 몸 봤으니, 이젠 어쩔 수 없이 책임져야 혀유, 형부."

"형부, 이제 꼼짝없이 걸려들었네. 불쌍해서 어쩌나!"

"형부가 노처녀 하나 구제해 주었네."

막내 여동생과 셋째 여동생의 맛깔스런 충청도 사투리가 섞인 말투는 한바탕 웃음을 자아내게 했고, 그런 상황이 어색해 있는 내게도 조금이나마 편안함을 이끌어냈다.

서방의 정성스런 간호가 만들어 낸 덕분일까!

현재 내 몸엔 화상으로 인한 흉터를 찾아 볼 수 없다. 다만 서방이 만들어 낸 마음의 상처만 조금 남아 있을 뿐.

그는 365일 중 12, 1, 2월만 빼고 거의 하루도 빠짐없이 강가에 나가 산다. 비가 오는 날이나 바람 불고 태풍이 오는 날에도 나가는 날이 많다. 주말에 비라도 와서 집에 있는 날에는 저녁이 되면 답답함을 이기지 못하고 늦은 저녁이 되었는데도 잠깐 강가를 갔다 오겠다는 말만 남기고 재빨리 사라져 버린다. 아무리 말리고 화를 내도 그가 부리는 고집을 나로서는 꺾을 길이 없다.

"아니, 그느무 낚시는 뭐할라구 그리 다니는겨어~"

난 오늘도 시어머니께 말한다.

"어머니, 그냥 놔두세요. 그래도 방안에서 텔레비전만 보거나 게임만 하는 거 보다는 낫잖아요."

어머님은 얼른 내 말에 맞장구를 치신다.

"그려, 네 말이 맞어. 어휴, 너네 집은 네가 기둥이니께 너부터 건강해야한다."

'너가 쓰러지면 큰 일 난다.'는 말도 덧붙인다.

그대라는 이유만으로 오늘도 학교 앞에 내려 주고, 비가 내리는 가운데도 홀연히 사라져가는 그의 뒤꽁무니를 바라다보다 쓴 웃음 짓는다.

'나보다 쏘가리가 그리 좋을까!'

2015. 4. 29

촉촉한 봄비 내리는 날

내 자신과의 약속

얼마 전 충남 대평리에 위치한 영평사 절에 가족들과 함께 구절초 축제에 다녀왔다. 평일이라서 아이들이 학교에 갔다 온 후 출발하니 그 곳에 도착한 시간은 오후 5시 정도였다.

명분은 구절초를 구경하기 위한 구실이었지만, 사실 난 절에 가기 위한 관심이 더 많았다.

남편을 잘 구슬러 법당에 같이 들어가고 싶었지만, 남편은 단번에 거절하고 주위를 둘러보겠다며 서둘러 발길을 돌렸다.

난 두 딸을 데리고 법당 안으로 들어섰다. '나무아미타불 관세음보살' 이라는 단어만 108번 되풀이 되는 노래 소리에 나도 모르게 마음에 평온이 오면서 부처님을 향한 내 마음이 열리기 시작하였다.

한참을 쉴새없이 절을 하고 나니 내 입에서 나도 모르게 이런 말을 쏟아내고 있었다.

"남편의 허물까지 제가 다 끌어안겠습니다."

그리고 음악 소리가 끝날 때까지 절을 계속 하게 되었다.

108번의 절이 끝났음을 알리는 음악이 멈추고 난 조금 비틀거리는 모습으로 자리에 앉아 지친 몸을 가다듬었다. 올해 중1인 큰 딸아이는 엄마의 심정을 이해한 듯, 엄마의 이런 모습을 그냥 바라만 보고 있었다.

지금으로부터 4년 6개월 전 남편은 억울하게 직장을 떠나야 했다. 10년 동안 몸담고 있던 직장이었는데, 10년 동안 함께 근무했던 여직원의 그릇된 공금횡령으로 윗사람들의 날카로운 의심의 눈길을 받으며 감사를 받아야 했다.

청렴결백했던 남편은 10여 년 동안 데리고 있던 여직원에게 원망의 말 한마디 없이 은행 문을 나오고 말았다. 그리고 지금껏 믿은 사람의 배신으로 인한 깊은 마음의 상처에 대문 밖에도 나가지 않고 집에서 컴퓨터에만 의지하며 살아가는 나약한 사람으로 변해만 갔다. 친구들도 안 만나고, 친척들과 어울리는 것조차 꺼려하고, 집안의 가장으로서도 무능해져 갔다.

결국 나는 전부터 그동안 1년에 한 개 씩 따 놓은 각종 자격증으로 전공을 살려 글쓰기 · 논술 선생님으로 일하면서 가족의 생계를 책임져야만 했다.

결혼 15년이 되던 올 해, 내가 일한 지 4년이 되어가는 해, 나도 조금씩 몸과 마음이 지쳐가고 있었다.

한 달 전, 결국 시댁 시누이의 거침없는 말 한마디에 지금껏 참고 견뎌온 세월들이 물거품처럼 사라지는 순간들이었다.

그 사이 남편은 컴퓨터에서 낚시로 취미를 옮겨가면서 밖으로 나가는 경우가 많아졌고, 쪼들리는 살림에 아이들 방문 학습지까지 끊어야 하는 형편이었는데도 남편은 관심도 없었다.

난 결심했다. 이대로 더는 못살겠다고…….

큰 아이가 집에 오기 전에 짐을 꾸려 집에서 나가야겠다는 생각뿐이었다. 10살 난 둘째 딸에게 아빠가 정신 차리면 돌아오겠다는 말만 남기고 간단하게 짐을 꾸려 쏟아지는 눈물을 주체하지 못한 채, 집 앞에서 무작정 버스에 몸을 실었다. 막상 갈 곳이 없었다. 결국은 전에 살던 동네로 가서 같은 또래 친구의 집으로 갔다.

둘째 딸의 애절한 목소리가 음성 메서지를 통해 내 심장에 파고 들었다.

"엄마 보고 싶어. 엄마, 아빠한테 아빠 정신 차리면 엄마 돌아온다고 했는데 아빠가 아무 말도 안 해."

"엄마, 꼭 돌아와야 돼."

흐느껴 우는 딸 아이의 목소리에 난 결국 반나절도 보내지 못하고 집으로 돌아오고 말았다. 내 아이들을 위해 참아야겠다는 마음과 나라도 정신 차리고 아이들 마음 고생없이 잘 키워야겠다는 생각이 들었다.

돌아누워 자고 있는 남편이 측은해 보였다. 그리고 억지로 구박해서 떠밀려 나가지 않고, 남편 스스로 일어날 때까지 기다려 주자고 내 자신에게 다시 한 번 약속했다.

언젠가는 예전처럼 다시 우리 가족이 활짝 웃는 날이 올 테니까.

* 2007년 10월 가을 동물사랑 · 자연사랑 백일장대회 '장원'

갓바위로 향하는 길

10년 동안의 충실한 전업 주부에서 벗어나 한 가정의 생계비를 벌기 위해 직업 전선에 뛰어든 지 세 달째, 처음 일주일간의 여름 휴가를 맞았다.

휴가 5일째 되는 날 아침 7시에 일어나 식대 값을 아끼기 위해 김밥을 싸고 짐을 꾸리고 나서 남편과 딸 둘을 깨우니 9시, 출발은 10시가 훨씬 지난 시각이었다.

평소에도 고속도로를 달린다는 것은 내게 심리적으로 불안한 상태였건만, 충돌 사고가 일어난 지 열흘 밖에 안 된 상태에서 심장이 불안전하게 뛰어 한의원에 침과 약물 치료를 받는 도중 고속도로를 달린다는 것은 심장이 거의 멈추는 것은 아닐까 싶었다.

청심환과 근육을 풀어주는 저주파 치료기로 무장을 하고 둘째 딸과 뒷좌석에 앉았다.

일곱 살 난 어린 딸의 손을 꼭 잡고 엄마가 마치 무서워하는 자식을 감싸는 것처럼 안고 다른 한 손엔 염주를 감아쥐었다.

내가 이렇게 불안해하면서도 차를 타고 가는 곳은 대구 팔공산에 위치한 선본사 절을 가기 위해서였다.

선본사에는 관본 석조여래좌상, 일명 '갓바위' 라는 유명한 돌부처가 있다. 그곳에 가서 빌면 한 가지 소원은 꼭 이루어진다는 전설이 불교인들 사이에서 공공연히 소문이 나 있기 때문이다.

우리 집의 계속되는 우환으로 주위 사람들과 평소 가깝게 지내는 이웃 언니의 적극적인 권유로 멀지만 이번 휴가를 택한 것이다.

초행길에 길눈도 어두워 헤매다가 5시간을 소비한 뒤, 늦은 오후가 되어서야 갓바위라는 입구에 들어설 수 있었다. 우리가족은 가파르더라도 걸어서 30분 정도 소요된다는 뒤쪽 길을 택하였다. 차가 산 위로 얼마나 많이 올라왔는지 귀는 멍멍해지고, 바깥 바람은 에어컨을 켜놓은 것 같이 시원했다.

도립공원 안에 있는 이 곳은 평일이라 그런지 사람들은 그리 많지 않았다. 집에서 싸 가지고 온 김밥으로 늦은 점심을 해결하고, 간단한 짐을 챙겨 갓바위를 향하여 가파른 언덕길로 올라갔다.

그런데 마음과는 달리 내 몸은 사고의 충격 때문인지 스무 발자국도 못 걸어 가슴에 통증이 느껴지면서 식은 땀이 나고 다리가 후들후들 떨리면서 앞으로 한 발자국도 내딛어지질 않았다. 그 두려움 무릅쓰고 여기까지 왔는데, 포기 할 수는 없었다. 서너 발자국 가다가 쉬고를 반복하면서, 내가 쓰러져 구급차에 실려 간다 하더라도 꼭 올라가리라 생각하니, 어느덧 절이 눈앞에 보였다.

열한 살 난 큰 딸과 일곱 살난 둘째 딸은 엄마의 이런 상황을 눈치채고 아빠의 힘을 덜어드리고자 자기들끼리 간다며 먼저 올라갔다.

딸들은 엄마가 시야에 들어오자 "우리 엄마 만세!" 하며 기쁨의 소리를 질렀다. 그리고 누가 시키지도 않았는데 부처님께 절을 하고 또 다시 정상에 있는 갓바위를 향해서 먼저 올라가고 있었다. 나는 남편과 약수 물을 마시고 숨을 가다듬으며 부처님께 절을 하고 초를 산 다음 갓바위를 향해 또 올라갔다.

한 시간 가량 계단으로 올라 정상에 다다랐을 때는 모든 슬픔이, 절망이, 두려움이, 기쁨으로, 환희로, 희망으로 거듭나고 있었다.

힘든 가운데도, 두려운 가운데도 해낼 수 있다는 그 무언가가 있었다. 천하를 다 가진 듯한 기분이었다. 무슨 일이든 다 해낼 수 있을 것만 같았다. 그래서 사람들은 정상을 향해 끊임없이 도전하고 또 도전하는가 보다.

딸들이 어른들도 힘든 가파른 계단을 힘든 기색도 없이 저리 열심히 올라가는지… 그리고 간절히 기도하는지… 엄마인 난 잘 안다.

아직 어린 아이들은 엄마 · 아빠의 고통을 지난 일년 동안 지켜보면서 스스로 느끼고 있는 것이다. 아이들은 빌 것이다.

'아빠가 빨리 마음을 잡고 직장을 구하게 해달라고……'

'그리고 엄마가 안 아프게 해달라고……'

뜨거운 눈물이 주르르 흘러 내렸다.

'무슨 눈물일까!'

'잘못 살아온 참회의 눈물일까!'

'아님 억울함을 알리는 눈물일까!'

남편은 그곳에서 갓을 쓰고 있는 부처님이 고민을 가득 안고 울고 있더라고 말했다.

수련을 한 사람들의 말에 의하면 그것은 바로 자기 자신의 마음이라고 했다. 바로 그렇다. 비로소 남편은 이곳 팔공산 정상 갓바위에서 자기 자신을 들여다 본 것이다.

나도 빌었다.

'우리 가정에도 평화가 오게 해달라고……'

'크고 원대한 꿈이 아닌 평범한 가정의 평화와 안정을 달라고……'

집으로 돌아오는 길은 늦은 밤인데도 불구하고 그 어느 때 보다도 편안한 밤이었다.

저 산 저 너머에

일요일 오전, 빨간색 벽돌로 네 칸을 올리고 바닥에 비닐을 깔아 쌓아 만든 어항에 물고기 여섯 마리가 한가로이 헤엄을 즐기고 있다. 하지만 녹조가 낀 탓 때문인지 아님, 내 마음의 답답함 때문인지 물고기가 헤엄치는 것조차 힘들어 보였다.

팔을 걷어붙이고 고무장갑을 낀 채, 좀 이른 대청소라 하겠지만 물고기 어항을 청소하기로 했다.

우선 두 시간 전에 미리 받아놓은 그릇에 한 쪽 면만 쌓아올린 벽돌을 치워내고, 더러워진 물을 바닥으로 흘려보내며 조심스럽게 물고기를 옮겨 놓았다. 그런 다음 비닐을 들어내고 그 속에 채워진 자갈도 바닥에 꺼내 놓았다. 한 달 전에 갈아준 어항 물과 조약돌은 녹조가 끼어 초록색으로 뒤덮여 있었다. 수도에 호수를 연결하여 나오는 물에 솔로 연신 이끼가 끼어 있는 벽돌과 조약돌을 닦아내었더니 어느새 제 색깔을 드러냈다. 벽돌 틈 속에는 집 없는 달팽이들이 습기가 많은 곳을 찾아 마치 자기 집인 양 터를 잡고 있었다. 난 좀 징그럽다는 생각이 들었으나 고무장갑을 끼고 있는 탓에 물로 떨어 낼 수 있었다.

이 광경을 본 여덟 살 난 둘째 딸은 손으로 집 없는 달팽이들을 집어 다칠세라 정성껏 손바닥에 담아 하수도에 갖다 넣었다. 엄마도 못하는 행위를 딸이 하는 것을 보고 말리지도 못하였다. 왠지 어른인 나보다 어린 딸이 더 낫다는 생각 때문이었다.

깨끗해진 벽돌을 제자리에 하나하나 쌓아 놓고 그 위에 비닐을 깔아 돌로 마무리를 하고, 깨끗한 물을 다시 만들어진 어항에 가득 채워 놓고 나니 시간은 열두시를 훌쩍 넘어서고 있었다. 두 시간이 지난 후에 물고기들이 깨끗해진 보금자리에서 맘껏 헤엄쳐 다닐 것을 생각하니, 내 마음도 덩달아 깨끗해지는 것 같았다.

어항을 열심히 청소하다보니 깜박 잊고 있었던 일이 생각났다. 좀전에 날씨가 좋으니 가족들과 약수터에 함께 가자고 왔던 이웃 효림이네가 생각났다.

자고 있던 남편을 깨워 서둘러 아침 겸 점심을 먹고 대문 밖을 나서니 해는 머리 위로 지나가고 있었다. 두 가족이 물과 간식을 나누어 배낭에 넣어 메고 동네 어귀를 지나 언덕으로 올라 용수골이라는 산줄기를 탔다.

일년 전에 왔던 공기 좋고 경치 좋던 이 산은, 한 쪽에는 아파트와 외곽도로가 들어선다며 도로 공사가 한창 중이어서 시끄러운 기계 소리로 인하여 정신이 혼미하고 간간이 바람에 날리어 내 코끝에 와 닿는 미세먼지는 재채기를 하게끔 만들었다. 진한 솔잎 향으로 기분 전환하며 기운을 북돋았던 벤치는 소나무가 베어져 나가 밑동만 둥그러니 남아 있었고, 산줄기가 끊어진 곳에는 산이 지닌 모습이라곤 찾아보기 힘들었다.

옛 정취 기대에 실망한 우리 일행은 약수터를 지나 산 정상에 있는 능선으로 가기 위해 발걸음을 돌렸다. 우리가족에게 있어 등산은 어렵고 힘든 산행이었지만 평소 친하게 지내는 가족과 같이 간다는 설레임에 가파른 길을 천천히 올라갔다. 가다가 쉬고를 반복하면서 뒤에서 쫓아오는 사람을 앞세우고 따라가다 보니, 어느덧 정상마루에 도달해 있었다.

산위에 올라보니 대전 전 시내가 한 눈에 들어왔다. 식장산 정상에 올랐을 때보다 더 넓게 대전을 내려다 볼 수 있었다. 입가에선 저절로 탄성이 울려나오고 누가 올려놓았는지 이곳까지 각종 운동기구들이 즐비하게 늘어서 있었다. 혼자 또는 가족끼리 각자의 소중한 시간을 보내는 그들을 보면서 우리 또한 그들과 이곳에 있는 한 마음은 하나라는 생각을 가졌다.

감자, 고구마, 훈제된 달걀, 물과 음료로 배를 채우고 따스한 햇볕에 몸을 맡긴 채 30여분을 있자니, 몸은 노곤하고 눈까풀이 사르르 내려앉는 것이 의자에 누워 한숨 자고 일어났으면 하는 바람도 들었다.

이곳 정상엔 곳곳에 가족구성원들이 쉴만한 장소가 준비되어 있었고, 조금 넓게 다져진 곳에선 아이들이 뛰어노는 소리가 메아리를 타고 대전 시내 곳곳으로 산새 소리와 함께 울려 퍼지는 듯 했다.

불현듯 '이것이 행복이다.'라는 생각이 들었다.

행복은 먼데 있는 것이 아닌 바로 이곳에 있었다.

3년이 가는 동안 실직하여 집에만 있는 남편을 곁에서 지켜보며, 내게 행복은 다시 남편이 직장을 다니게 될 때까지 오지 않을 것이라고 생각했다. 하지만 행복은 봄을 타고 내 맘속에 서서히 스며들고 있었다.

봄은 희망을 가져다주는 계절이다. 그래서 나는 봄이 더욱 기다려진다.

저 산 너머엔 봄도, 희망도, 행복도 가득 담고 나를 기다리고 있었다.

찬란한 봄이…….

봄꽃 축제

몇 년 전부터 봄이면 찾아오는 각종 백일장 행사나 봄꽃 축제에 참여하는 것이 익숙해진 듯하다.

개나리가 피는가 싶더니, 언제부터인가 연분홍 진달래꽃을 뒤로 하고 벚꽃이 만발해 있다. 가는 곳곳마다 길가에 눈부시게 늘어서 피어 있는 하얀 벚꽃이 지나가는 사람들을 유혹하고 있다.

저절로 감탄의 목소리가 나온다. 눈부신 햇살을 받으며 하얀 눈꽃이 날릴 때면 그 환희에 찬 탄성은 합창으로 이어진다. 가던 길 멈추고 흐드러지게 핀 벚꽃 옆에 꽃과 한 맘이 되어 분위기에 취해본다.

평소에 외진 뒷길이라 차량이 드문 곳임에도 불구하고 봄꽃을 만

끽하기 위해 나온 사람들로 인하여 도로가 혼잡해 있었다.

식장산 봄꽃 축제 행사가 있는 날이라 딸아이들 그리기 도구와 도시락을 준비하여 서둘러 집을 나섰다. 집에서 20여분 거리에 위치한 세천 유원지에 다다르기도 전에 몰려드는 차량들로 도로는 정체되어 있었고, 차를 인근에 주차해 두고 걸어가는 사람들과 함께 우리도 걸어서 길목으로 접어들자, 넓은 길인데도 불구하고 가끔 지나다니는 행사 차량들과 양쪽 길옆으로 펼쳐진 장사꾼들로 인하여 거리는 혼잡해 있었다. 어느 곳이든지 사람들이 모이는 장소엔 항상 즐비한 장사꾼들로 인하여 행사장은 아수라장을 방불케 했다.

갑자기 뜨겁게 달아오르는 태양과 들고 가는 짐 꾸러미, 그리고 지나가는 사람들의 부대낌 등으로 행사 장소에 도착하기도 전에 나와 어린 딸들은 지쳐 있었다. 어린 아이들이 걷기에는 좀 멀다 싶은 거리를 걸어 좀 늦게 도착하니, 이미 행사는 시작 되었고 뜨겁게 내리쬐는 햇볕을 조금 피해 사람들이 지나다니는 통로 한쪽에 자리를 잡아 짐을 풀었다.

행사 도장이 찍힌 도화지를 가져와 두 딸아이는 각각 연필과 크레파스로 스케치를 시작하였다. 초등학교 5학년이 된 큰 아이는 주로 백일장 대회에 나가 벌써 5년째 실력을 발휘하며 크고 작은 상을 많이 받는 글쟁이로 변신해 있고, 올해 초등학교 1학년에 들어간 둘째 딸 아이는 유치부 때부터 작은 상을 받는 그림쟁이가 되었다.

오늘은 그림 상을 받기 위해 나온 목적이기보다는 가족 봄나들이 겸 경제적 어려움으로 겨우내 집에만 있었던 아이들에게 꽃구경을 시켜주고, 그동안 움츠렸던 가슴을 활짝 펼칠 수 있게 해 주고 싶었던 이유에서였다.

하지만 이런 내 생각과는 다르게 작은 딸아이의 그림만 서둘러 끝내고, 흥겨운 음악 소리로 듣기보다는 시끄러운 음악소리에 그 곳을 빨리 떠나고 싶어했다.

관내 어른들을 위한 노래자랑이 함께 열리는 이 곳 행사장은 술 취한 사람들의 흐느적거리는 몸짓과 행사장에 놀러온 어른들의 안 좋은 언행으로 인하여 바르게 자라나는 아이들에게 보여주고 싶은 곳은 아니었다.

점심을 먹는 둥 마는 둥 우겨넣고, 서둘러 짐을 챙겨 같이 간 일행들의 빈자리를 정리하며, 작년과 올해 두 번 참석한 느낌을 가족들과 함께 이야기를 나누며 집으로 발길을 돌렸다.

봄꽃 구경을 간 것보다는 인파에 밀려 이리저리 피해 다니다보니, 오후 3시 경임에도 불구하고 몸은 녹초가 되었다.

"딸들아, 올해로 이 곳 식장산 봄꽃 축제는 그만 오자." 라는 내 말에

"엄마, 이젠 오고 싶어도 못 와요. 우리 서구로 이사가잖아요."

하는 큰 딸 아이의 대답에

"그래, 네 말이 맞다. 식장산 봄꽃 축제는 동구 관내 사람들만 참가권이 있지."

하고 대답을 했다.

막내 여동생도 아이들을 데리고 그리기 대회에 참가하려고 했으나, 다른 관내라 안 된다고 했던 말이 떠올랐다.

대문을 열고 집 앞마당으로 들어서는 순간, 코끝에 스치는 라일락의 향기와 작은 꽃밭에 활짝 핀 짙은 연산홍 꽃이 어서 오라고 주인을 반갑게 반기는 듯했다.

"그래! 이렇게 편하고 좋은 우리 집 앞마당 꽃들을 두고 어디로 꽃구경을 갔다 왔을까!"

"꽃들아, 미안하다. 잠시 너희들을 잊고 다른 꽃을 찾아 다녔구나! 부디 아름답게 우리 집을 고운 색깔로 물들여다오."

그리고 나는 꽃들에게 미안함과 부탁하는 메시지를 보내며 물뿌리개로 물을 듬뿍 뿌려 주었다.

예쁜 색깔과 고운 향기로 집안 가득 채워 주기를 기다리며…….

조개잡이

"우리는 지금 떠난다."

"어서 일어나 준비 하고 와라."

잠결에 전화선을 타고 들리는 목소리는 대학 선배 언니이자, 큰 딸 아이가 초등학교에 입학하여 같은 반이 되면서 올해로 4년째 인연을 맺어오는 이웃 언니이다.

평소 여행도 자주 다닌 우리가족에게 올해는 하루 당일로 어디를 다녀온다는 것조차 경제적 부담이었다.

우리 가정 형편을 잘 아는 언니인지라, 공장 식구들을 데리고 물놀이 가는데, 바람도 쏘일 겸 조개 잡으러 가자는 말에 남편과 나는 흔쾌히 허락한 것이다.

아침 6시,

모든 사람들이 먹을 음식과 짐을 챙긴 언니는 즐거운 마음으로 우리를 부르고 있었다.

그때서야 서둘러 일어나 아이들 물놀이 할 옷과 모자만 챙기고 빈 몸으로 자가용에 올랐다. 화장도 하지 않은 푸석푸석한 얼굴에 외출복 차림이 아닌, 집에서 입는 평상복 차림이었다. 호미와 양파 자루를 챙기며 처음으로 바닷가에서 조개 잡을 생각을 하니 즐겁기만 했다.

차안에서 분식집에서 산 김밥으로 아침 허기를 채우고, 보령 무창포 해수욕장을 향해 달렸다.

그 곳 근처가 고향인지라 그 길은 정겨움과 친근함이 깃든 길이었기에 마음 놓고 달리다 보니, 무창포에서 밑으로 5분 정도에 위치한 독산 해수욕장을 가려고 했는데, 무창포를 훨씬 지나 춘장대 해수욕장까지 가버리고 말았다. 우리는 한 시간 가량을 허비하고 점심 때가 되어서야 일행이 기다리는 곳에 도착하였다.

우리가족은 점심도 거르고 썰물이 되어 나가버린 바닷물을 바라보며, 조개가 드러나기만을 기다렸다. 호미로 갯벌을 파보았지만, 조개는 우리 눈에는 들어오지 않았고 물이 더 나가기만을 기다리고 있으려니 실망 반, 체념 반 포기하는 마음이 앞서고 있을 쯤 바닷물 속에서 해순 언니의 목소리가 들려왔다.

"이리 들어와 봐."

"왜요?"

"글쎄, 이리 들어와 보라니까."

남편과 나는 흙이 섞인 뿌연 바닷물 속이 마음에 들지 않았지만, 언니가 있는 곳으로 첨벙첨벙 걸어 들어갔다.

해순 언니는 물속에 앉아 무엇인가를 열심히 건져 올리고 있었다.

조개였다. 순간 눈이 동그래지면서 눈과 입가에 반가움이 더해졌다.

바지락보다 큰 모시조개였다.

물에서 건져진 조개는 크고 반질반질 예뻤다.

누가 먼저랄 것도 없이 우리는 물속에 털썩 주저앉아 열심히 땅속을 손으로 헤집어 조개를 건져 올렸다.

드디어 조개가 땅을 파는 대로 이곳저곳에서 건져 올려지자 입가에서 탄성이 흘러나왔다. 어느 때는 서너 개가 잡히기도 하였다.

"와! 신기하다."

"정말 오길 잘했네."

너무 재미있고 신기하기도 하여 시간가는 줄도 모르고 조개잡이에 열중하였다. 남들보다 하나라도 더 잡으려 아이들까지 합세하였다.

썰물이 밀물로 바뀌어 물이 들어오고 있는 줄도 모르고 양파 망에 하나 가득 잡고 있었는데, 조개를 실으려 갯벌로 들어 왔던 차바퀴가 물이 들어오면서 갯벌 속으로 빠져 들고 있었다.

위기의식을 느낀 우리 일행은 조개잡이를 멈추고 물에서 빠져 나가기 시작했다. 그리고 갯벌 속으로 빠져드는 차와 바닷물이 점점 차로 가까이 밀려오는 광경을 보고 발을 동동 구르고 있었다.

남자들 서른 명 쯤 차를 빼내기 위해 달려들었으나 차는 자석에 달라붙은 양 꼼짝도 하지 않았다. 물은 점점 차바퀴 위까지 차오르고 저러다가 영영 물속에 차가 갇히는 것은 아닐까 생각하니 가슴이 죄어왔다.

남 일 만은 아니었다. 남편은 내 일마냥 걷어붙이고 적극적이었다. 나도 이런데 차 주인은 어떨까 생각하니 더욱 안타까웠다. 다른 차가 들어와 끌어내려 하였지만 역시 꼼짝도 하지 않았다.

주인의 손 빠른 대책에 저쪽에서 트랙터가 이쪽을 향해 오고 있었다. 트랙터는 차에 고리를 연결하더니, 차를 끌어 올리고 있었다. 차가 함몰 직전 물에서 건져지자 주위 사람들이 박수를 치며 안도했다. 조개를 많이 잡아 손으로 들고 나가기가 힘이 드니까 차를 바다로 가지고 들어 왔는데, 한순간의 사고로 이어질 뻔 한 일이었다.

인간의 욕심이 부른 사고였음을 느끼게 하는 순간이었다.

자연은 인간에게 풍요로운 먹거리를 제공하고 쉴 곳을 제공하지만, 우리 인간은 탐욕과 개발로 자연을 파괴하고 있다.

그런 일로 인하여 조개 잡이의 아쉬움을 뒤로 하고 돌아 나왔지만, 다시 한 번 경험해 보고 싶은 즐겁고 신나는 일이었다.

옷은 누런색으로 변하여 제 색깔을 잃어버렸고, 우리 몸 구석구석 흙이 안 닿은 곳이 없었지만 소름끼치도록 차가운 물로 샤워를 하는 순간에도 갯벌 조개 잡이의 맛은 최고였다.

많은 인파와 후덥지근하고 끈적끈적한 바다가 싫어 여름엔 바다를 피해 계곡으로 다녔던 우리가족에게 있어 올 여름의 바다는 추억을 남기는 장소, 또다시 가고 싶은 한 곳이 되었다.

삶에 지치고 따분한 일상에서 벗어나 비록 시간에 쫓기고 돈에 쪼들릴지라도, 가끔은 자연을 벗삼아 도외지로 나가는 것도 지친 삶에 활력을 불어 넣어 줄 것이다.

문득 어릴 적 부르던 '조개잡이' 노래가 생각난다.

새파란— 수평선—
흰 구름— 흐르는—
오늘도 즐거워라
조개잡—이 가는 처녀들

간밤에 사라진 물고기

여느 때처럼 아침에 일어나 체조를 하기 위해 현관문을 열고 나가 마당에 펼쳐진 신문을 줍고, 덜 떠진 눈을 깜빡이며 화분에 곱게 피어난 예쁜 꽃들을 바라보고, 어항에 눈을 돌리는 순간 내 눈을 의심 할 수밖에 없는 일이 벌어지고 만 것이다. 덜 깬 잠을 의심하며 다시 한 번 어항 속을 쳐다보았지만 간밤에 물고기가 모두 사라지고 한 마리도 없었던 것이다.

마당 한 쪽에 빨간 벽돌로 직사각형을 만들어 쌓아 올린 다음, 그 속에 비닐을 깔아 물을 채우고, 잔자갈과 물풀로 수조안을 장식하고 에어펌프를 가동하여 물고기들이 한가로이 즐길 수 있도록 그럴

듯한 인공 어항을 만들어 키운 지 9년이다.

아침에 어항 앞으로 다가가면 물고기들은 마치 주인을 알아보는 것처럼 먹이를 달라고 입을 뻐금거리곤 하였다.

내가 아는 상식으로는 물고기들은 눈이 나빠 사물을 구별하지 못한다는 것으로 알고 있는데, 오랜 세월을 함께한 덕분인지 주인을 만난 강아지처럼 꼬리를 흔들어댔던 것이다. 그런 행위에 정들어 마치 집안 식구같이 함께 숨쉬며 생활해 온 세월이 둘째 아이가 태어나기도 전인 9년이란 세월이 흘렀다.

큰 아이가 세 살 나던 해, 둔산동에 위치한 아파트에 살다가 동구에 있는 일반 주택으로 이사 오면서, 딸아이의 정서적인 환경을 고려하여 집안으로 주차되게끔 깔려 있는 콘크리트 바닥을 일부 제거하고 꽃밭을 만들어 계절마다 피어나는 꽃을 가꾸고, 하얀 작은 강아지와 물고기 어항을 만들어 함께 넓은 마당에서 맘껏 뛰어놀게 하였던 것이다.

오랜 시간이 흐르고 큰 딸 아이와 작은 딸 아이는 부모가 바라던 대로 감성이 풍부한 곱고 올바른 아이들로 성장했으며, 그 덕분인지 각종 글짓기 대회에서 풍부한 상상력과 창의력을 갖춘 언어의 표출로 상을 받는 것이 당연시 되다시피 하였다.

어항 속에 있던 물고기가 모두 사라진 사실에 난 적잖이 당황하고 있었다. 혹시나 하는 마음에 집 마당 구석구석을 찾아보았지만 흔적은 온 데 간 데 없었다. 텅 빈 어항 속을 들여다보니 뭔가 빠진 듯한 허전함과 쓸쓸함이 밀려왔다.

난 집안으로 들어와 자는 아이들을 깨웠다.

"얘들아, 일어나! 물고기가 모두 사라졌어."

몇 번을 깨워도 일어나기 힘든 아이들이었는데, 부시시 일어나며

"엄마, 정말이야!"

딸들은 떠지지 않는 눈을 비벼가며 속옷 차림으로 현관문을 열고 마당으로 나왔다. 텅 빈 어항 속을 쳐다보며 혹시나 잘못 보았나 하는 생각에 어항 속 구석구석을 살펴보고는

"정말이네! 정말 고양이가 먹었나 봐! 안 잡히려고 발버둥쳤나 봐! 저기 비늘이 떨어져 있어, 불쌍한 물고기!"

딸들이 고양이가 먹었다고 추정하는 근거에는 여러 이유가 있었다. 어항 앞 콘크리트 바닥에 고양이가 어항에서 건져내어 바닥에 놓고 먹었을 것으로 보이는 물이 아직도 넓게 젖어 있었으며, 고양이의 날카로운 발톱으로 뜯겼을 비닐 바닥에서 물이 새어나오고 있었기 때문이다.

그리고 며칠 전이었던가! 외출에서 돌아와 차를 집안으로 주차하던 중 차 뒷바퀴가 위치한 곳에서 어른 장지 손가락만한 물고기가 그 곳에 있는 것을 발견하고 적잖이 당황한 적이 있었다. 그 때는 '혹시 2층에 사는 초등학교 2학년 남자 친구들이 놀러 왔다가 개구쟁이 아이가 한 건 아닐까!' 하는 의구심도 생겼다.

몇 년 전, 옆에 사는 같은 일곱 살 난 또래 친척이 놀러 와서는 어

린 물고기를 어항에서 꺼내어 바닥에 내놓는 일을 몇 번이나 반복하는 바람에, 몇 마리의 물고기가 죽어 버렸기 때문에 어항을 없애려다 다시 물고기를 사다 넣은 일이 있었기 때문이다.

또 창문을 여는데 고양이 한 마리가 어항 쪽에서 황급히 달아나는 것을 보고 이상하게 생각 했었는데, 그날 오후가 되어 5,6년 된 제법 큰 물고기 한 마리와 2, 3년 된 어른 장지 손가락만한 물고기 한 마리가 없어진 것을 발견하고 고양이 짓인 것을 알았다. 남아 있는 같은 크기의 물고기도 몸에 상처를 입은 자국이 있었기 때문에 다시 고양이에게 먹힐까봐 주위에 큰 화분과 작은 화분으로 막아가며 주시하고 있었는데, 결국 밤에 우려했던 일이 벌어진 것이다.

덩그러니 어항만 남아있는 수조안은 적막함이 감돌았으며, 옆에 있는 화분들조차 생기가 없어 보였다.

2년 전 심장 사상충에 걸린 하얀 강아지가 간밤에 소리 없이 죽었을 때도 마치 식구가 어찌된 것처럼 심란하였는데…….

죽은 강아지 모습을 아이들이 보지 못하게 수습하여 놓고 아이들이 없는 사이에 한적한 곳에 가져다 묻어 준 일도 있었다. 큰 아이는 강아지의 죽음을 애도하는 글을 썼고, 둘째 아이는 강아지가 보고 싶다며 강아지 있는 곳에 가보자며 울곤 했었다.

올해 1월 이었던가!

두 딸 아이가 강아지가 죽은 지 1주년이 되었다며 추모하는 글을 써놓고는 아빠에게 부탁해 종이를 태우며 강아지의 명복을 비는 모습을 본 적이 있다.

그 이후 가끔 작은 아이가 강아지를 키우자며 졸라댔지만 그때 받은 마음의 상처로 인해 다시는 키우지 않기로 했다. 그런데 오늘 또 다시 작은 생명이나마 사라진 물고기의 행방을 생각하니 마음이 아팠다.

일주일 전 어항을 갈아주던 남편이 이사 가면 물고기를 키울 수 없으니, 공원 연못에 방생해야겠다는 말을 한 적이 있었다. 난 이사 갈 때까지 키우자며 '몇 년을 키워왔는데 아쉽지만 그렇게 해야지!' 하면서 남편 말에 동의 했었다.

며칠 전 고양이가 어항 주변을 맴돌았을 때 유리 덮개를 씌우던지 다른 대비책을 마련해 주었어야 하는데 '설마' 하는 안일한 마음으로 화분과 그물망으로만 주위를 감싸놓은 것으로는 부족했던 모양이기에 물고기에게 미안한 맘이 생겼다.

간밤에 사라진 물고기로 인하여 우리 부부는 말의 중요성을 다시 한 번 깨닫는 계기가 되었다.

"물고기야, 미안해! 널 지켜주지 못해서."

남편들이여! 깨어나라

큰 아이와 둘째 아이를 각각 학교와 유치원에 보내고 소파에 앉아 텔레비전에서 나오는 '아침마당'에 귀를 기울이게 되었다.

오늘은 화요일 '부부 탐구'가 있는 날이다.

부부에게 이런저런 문제가 있어 그들끼리 문제를 해결할 수 없을 때, 비로소 최후의 마지막 방법으로 아침마당에 조금의 실마리라도 풀릴까 하여 창피함을 무릅쓰고 조언을 듣고자 공개적으로 나온 것이다.

오늘의 문제 해결 부부는 40대 중반으로서 방송이 나가는 시간

내내 서로가 말할 틈도 주지 않고, 서로 자기 주장만 내세우며 숨쉴 틈도 없이 다툼이 오고가는 바람에 듣는 사람들도 짜증이 날 정도였다.

남편은 다리 관절이 좀 불편하다는 이유와 잦은 사퇴로 인하여 결혼하여 지금까지 직장은 3년 정도 밖에 다니지 않아 부인이 남편 대신 십 여 년을 넘게 가정을 이끌어 오고 있었다.

직장을 다니다 보니 자꾸만 늦어지는 부인의 귀가 시간과 모임은, 집에만 있는 남편의 신경을 거슬리게 하였고, 남편은 가장으로서 해야 할 본분도 잊은 채, 부인에 대한 바가지만 늘어갈 뿐이었다.

남편은 방송에까지 나와서 잔소리를 해대고 있었다.

"당신이 나 밥 몇 번이나 차려주었어?"

"당신이 먼저 잘못했다고 하면 되잖아!"

"남편과 아이들은 돌보지 않고 남편 대우를 해주지 않았잖아!"

남편의 말을 그냥 듣고 있으려니 답답함이 밀려왔다.

조언을 해주시는 분은 몇 마디 말로 이런 내 답답함을 조금 식혀주었다.

"당신 남자 맞아?"

"가장이 뭐야?"

"가장으로서 할 본분을 잊고 있어."

"밥 꼭 여자가 차려줘야 하나요?"

"남자 대신 여자가 밖으로 일하러 다니면 대신 남자가 집안 일을 하면 되지 않습니까?"

순간 소파 옆 내 발 옆에서 자고 있는 남편이 눈에 들어왔다. 남편이 일어나 이들이 말하는 내용을 들어줬으면 하는 마음이, 아니 자는 도중이라도 이 소리가 남편 귀에 전해졌으면 하는 생각이 간절했다.

몇 해 전부터 나라 경제가 어려워지면서 4, 50대 고학력자 남편들의 조기퇴직과 거의 강제적이다 싶은 정리 해고는 많은 가정에 크나큰 충격을 안겨 주었다. 일자리가 없어 취업하지 못하는 청년 실업자 아닌 실업자가 헤아릴 수 없이 많다고 한다.

그동안 집에서 아이들만 곱게 키우고 집안 살림만 하던 4, 50대 아줌마들이 대신 가정의 생계비를 위해 식당으로, 백화점으로, 판매원으로, 배달사원으로, 방문교사로 일을 하여 먹고 살기 위한 생계를 대신하게 되었다.

'곱게 키워 우리 딸 만큼은 남편 잘 만나 집안에서 아이나 키우고 살림만 하는 남자에게 시집 보내야지!' 하는 모든 친정 부모님들의 생각은 지금은 남편 혼자 벌어먹고 살기는 어려운 실정이니까, 아이들 학비라도 같이 벌기를 바라시는 것이 현실이다.

그런데 정작 집에서 실직하여 있는 남편들 대부분은 아직도 조선시대 남아 선호 사상에 젖어 살아가고 있다. 부인이 남편 대신 돈 벌러 나가도 저녁 끼니 때가 되면 얼른 들어와 부인이 밥 차려 주기만을 기다린다. 가끔 회식이나 야유회가 있을 때도 일하는 여성들은 남편 눈치 보랴, 아이들 눈치 보랴 신경이 쓰이는 게 사실이다.

남편이 회사에서 돌아와 집안이 어질러져 있으면 화를 내거나 신경질 내는 것이 이해가 간다고 여겼지만, 남편들은 부인이 회사에서나 집안 식구끼리의 외출에서 돌아와 집안을 치우는 것도 당연하다고 여긴다. 몸이 힘들어도 투덜거리면서 집안 치우고 하루 종일 먹은 부엌 설거지에 저녁밥을 먹고 빨래까지 하고 나면 어느 때 화는 머릿속까지 차오른다. 그럴 땐 남편 원망하고, 자기 팔자 운운 하다보면 삶이 공허해지고 '왜 사나!' 하는 우울감마저 들곤 한다.

문득 이런 시가 생각난다.

당신은
정말 좋겠구려!
회사도 안가고
낮잠도 자고

당신은
정말 좋겠네요.
애들 챙기지 않아도 되고
쉬는 날도 있고.

그렇다. 나만 보아도 쉬는 날이면 밀렸던 집안 일하랴, 아이들 공부 봐주랴, 밑반찬 준비하랴, 어느 땐 출근하는 것 보다 집에 있는 날이 집안 일로 힘들 때가 더 많다. 남편은 휴일에 편히 쉬는 게 당연하고, 부인은 같이 회사 다녀도 육아에, 집안 일에 늦잠 한 번 마음 편히 자보지 못하고 일어나야 한다.

주말이면 일부 속없는 어른들은 좋은 곳에 써야 할 컴퓨터를 아이들보다 어른들이 더 게임이나 채팅, 혹은 낯 뜨거운 사이트에까지 이용하다보니 모르고 자라나는 어린이들에게 피해를 주기도 한다. 회사에서 퇴근하자마자 옷도 안 벗고 컴퓨터 먼저 켜는 아빠들도 많다고 한다. 부인이나 집안 식구들에게 말 한마디 없이 잘 때까지 컴퓨터 앞에 앉아 있기도 한다.

사회는 급속도로 변해가고 있는데 집에 있는 부인들에게는 사회에 어둡다고 구박하면서, 정작 변해야 할 대부분의 남편들은 예전이나 지금이나 남아우월주의에 빠져 벗어나지 못하고 있다.

문득 가슴에 와 닿는 조언을 해 주신 박사님의 말씀이 생각난다.

"부부란, 자기 생각과 감정만 앞세워서는 살지 못한다.

서로가 이야기를 들어주고 양보할 때 가정의 조화는 이루어지는 것이다."

"이 시대의 남편들이여! 현실을 직시하라! 그리고 깨어나라!"

깊고 깊은 산골짝에

무덥고 무더운 여름이 한창인 지난 여름 토요일, 내가 문인으로 등단할 때 도움을 주셨던 회장님을 찾아갔다. 지금은 충북 영동 깊숙한 산 속, 인적이 드문 산골 마을로 거처를 옮겨 자연과 함께 동고동락 하시는 분이다. 몇 년 동안 뵙지 못해 안부도 궁금한 겸 내 글이 실린 책을 가지러 휴가를 이용해 찾아간 것이다.

고속도로로 들어간 지 얼마 안 되어 남편은 운전하는 조수석에 앉아 조잘대며 기분이 들떠있는 내가 싫었던지, 거칠게 몰아가는 운전자들이 거슬렸던지 운전하는데 신경 쓰인다고 눈치를 주는 남편의 비위를 맞추느라 입을 다물고 말았다.

남편을 대신하여 내가 집안의 가장이 되어 논술 선생님으로 사회에 첫 발을 내딛던 10여 년 전, 나의 유일한 탈출구는 글쓰기였다. 초등학교에 다니는 딸 둘을 데리고 백일장에 다니며, 나도 역시 딸들과 함께 내 취미를 살리고 글쓰기 실력을 키워왔다. 그리고 운 좋게도 김명동 회장님을 만나 문단에 등단하게 되면서 지금껏 인연을 이어오고 있었다.

몇 년을 밀어오다 만나러 가는 길이기에 설렘, 그리고 반가움을 숨길 수는 없었다. 훤칠한 키에 남성적인 분위기가 물씬 풍기는 외모로 시를 낭독하실 때의 매력적인 목소리는 고희를 바라보시는 분이라고는 믿기지 않을 정도였다. 노래라도 부르는 날에는 모두 쓰러지기 직전까지 "회장님! 회장님! 우리 회장님"을 외쳐대던 우리는 꿈 많은 아이들과도 같았다.

그 분은 전에 뵙던 그 모습 그대로 우리를 반기셨다. 다만 흙이 묻어 있는 장화와 고무신이 좀 낯설었다고나 할까!

널따란 잔디 위에 풀이 듬성듬성 자라있는 모퉁이 이곳저곳으로 피어오른 상사화가 나를 더 반겨주는 듯 했다.

소낙비가 내린 탓에 물이 스며든 잔디밭을 피해 돌로 가지런히 놓여진 길을 따라 안으로 들어갔다. 타일로 바닥을 깔아 놓은 곳에 슬리퍼가 나란히 놓여 마치 나를 기다렸다는 듯이 다가왔다. 벽 가장사리에는 나무로 만든 책장 안에 책들로 빽빽이 꽂아져 주인의 손길을 기다리고 있었다.

큰 딸이 원하는 풍경과 아니, 내가 원했던 모습들이 마치 빛바랜 누런색으로 오랫동안 기다렸다는 듯이 전혀 낯설지 않은 온화함으로 깃들여 있었다고나 할까!

그리고 내 눈에 들어온 온갖 산야초 효소들이 병으로 단장을 하고 가지런히 늘어서 있는 것으로 보아 그 분의 부지런함이 그리고 근검함이 깃들여져 있었다.

기타 두 대와 북이 가지런히 놓여있는 걸로 봐서 가끔 이곳에서 여흥을 즐기며 실내 음악회를 열었음을 귀띔해주는 듯했다.

나무 계단을 따라 2층으로 올라가니 주방이 한 눈에 들어왔다. 눈이 가는 곳마다, 바라보는 곳마다 항상 밖을 내다볼 수 있게 만들어진 창문이 무더운 여름나기에 부족함이 없었다. 겹겹이 펼쳐진 높지 않은 산들이 피곤에 상실해 있던 내 눈을 맑고 푸르게 만들었으며, 사방에서 울어대는 이름 모를 새소리와 개울물 흐르는 소리, 간혹 산 너머에서 불어오는 풀 바람 소리는 내 귀를 더 밝게 만들었다. 함께 사는 흰 강아지와 커다란 두 마리의 개 짖는 소리는 낯선 곳에 손님이 왔다는 초인종이었다.

닭들이 낳은 달걀을 삶아 그 곳에서 열린 복숭아와 자두를 함께 내놓는 손길이 혼자 사시는 분이 하시기에는 좀 안 어울린다는 생각이 들자 나도 모르게 입가에 미소가 지어졌다.

계단과 주방 사이로 조그마한 공간에 밖을 내다 볼 수 있는 창문 밑에 콘솔과 의자 하나가 가지런히 놓여있었다. 언제나 시상이 떠

오르면 쓸 수 있도록 종이와 펜도 함께…….

그 곳에 내가 그리던 모습이 담겨져 있었다.

안으로 들어가니, 천장과 벽면의 벽지가 한지로 도배되어 있어 친근감을 더해 주었다. 큰 방 한쪽에 놓인 소파와 보료로 장식한 부분이 회장님의 연세를 가늠케 했다.

무엇보다 내 눈을 사로잡은 건 앞문 전체가 아파트의 베란다처럼 넓게 나무로 발코니가 되어 있었고, 그 곳으로 나가면 온 시야가 전부 한 눈에 들어오게 설계되었다는 사실이었다. 건축업을 하셨던 회장님은 많은 돈을 들이지 않고도 뼈대만 있는 곳에 손수 하나하나씩 만들어 완성했다고 설명하셨다. 비록 고급스럽고 화려하지는 않았어도 인적이 없는 이곳에서 혼자 조금씩 외롭게 만들어 갔을 것을 생각하니, 그동안 무심히 지냈던 내 자신이 죄송스럽기도 했다.

언제든 시간되면 와서 쉬었다 가라는 회장님의 말씀을 귀담아 들으며 정말 그럴 거라고 예쁜 미소를 남겼다.

잠시 머문 시간임에도 불구하고 내가 무서워하고 기가 눌리기에 충분한 산골짝인데도 마음 편히 갔다 온 것은, 아버지 같은 푼푼함과 정신적으로 버티기 힘든 시절, 내 마음을 보듬어 주신 그 분의 마음이 아직 내 기억 속에 살아 있기 때문이었을 것이다.

2013년 8월 12일 (월)
문학 회장님 댁을 다녀와서

승리는 우리의 것

날아라! 새들아, 푸른 하늘을
달려라! 냇물아, 푸른 벌판을
오월은 푸르구나! 우리들은 자란다.
오늘은 어린이날 우리들 세상

우리 가족을 태운 차가 행사장 가까이 다가가자 어릴 적 많이 불렀던 '어린이 날' 노래 소리가 흘러 나왔다. 다른 사람들보다 한 발 먼저 앞서려 노래를 따라 부르며 행사가 열리는 서구 남선 공원 인조 잔디 축구장으로 발길을 재촉하였다. 따사로운 햇볕은 오늘 맞이하는 어린이날을 더욱 들뜨게 만들었으며, 인조 잔디 위에 펼쳐진 만국기는 마치 가을 운동회를 연상케 했다.

올 해로 벌써 4년째 이 곳을 찾았다. 친정 부모님과 형제, 자매들 거의 다 서구 탄방동 남선 공원 앞에 터전을 잡으면서 참여하게 되는 행사이기 때문이다.

3~4년 전 이 곳 어린이날 행사는 작년이나 올해보다 더 푸짐하고 상품이 많은 행사였다. 행사장에 들어서는 입구에서부터 어린이들을 위한 이름표와 기념 배지, 사탕이 주어졌고, 여러 가지 민속놀이 경기에서도 1, 2등에게는 문구 선물을, 3, 4등에게는 과자를 선물로 주었다. 여러 가지 민속놀이 경기에서 1등은 못하더라도 어린 아이들이 부모님과 함께 열심히 뛰었던 힘의 근원은 놀이에서 비록 상품은 못 타더라도 경기에서 진 어린이에게는 과자를 주었기 때문에 아이들의 얼굴에는 환한 기쁨과 뿌듯함이 배어져 있었다.

우리 여섯 남매들은 경기 할 때가 되면 각자의 가정으로 돌아가 제 자식들과 게임하기에 바빴고, 여섯 가정이 타오는 상품을 관리하는 몫은 친정 부모님의 차지였다.

우리가 행사에 참석한 첫 해 때에는 가족이 타 온 과자가 어찌나 많았던지 친정엄마가 미리 준비해 온 헝겊 보자기에 가득 담고도 남았을 정도였다. 하지만 조금씩 줄어들기 시작한 상품은 작년부터 1, 2등이 아니면 아예 과자조차 만질 수 없는 치열한 경쟁이 되어 버린 행사가 되었다.

운동에 둔한 딸들은 경기에서는 조그마한 상품조차 받아볼 수 없었으며, 사촌 언니에 의지해 받을 수 있는 것이 전부였다.

어떤 몰지각한 엄마들은 상품에 눈이 멀어 아이들이 탄 상품을 뒤에서 낚아채기까지 하는 경우도 있었다. 초등학교 5학년인 딸이 간신히 한 종목에서 2등을 하여 상품을 받았는데, 뒤에서 아줌마가 빼앗아갔다며 눈물을 글썽였다.

어린이날을 기념하여 열리는 행사인데, 자기 자식 때문에 어른의 안 좋은 추한 면을 드러낸 그 아줌마에게 우리아이는 어떤 생각을 가졌을까?

행사 중 우리 가족이 가장 기대하는 행사는 '골든벨'이었다.

4년 전에는 생소하고 어려운 문제가 나와서 네 번째 문제에서 1, 2등이 정해졌는데, 어찌나 어렵고 황당한 문제가 나왔던지, 우리 여섯 가족은 힘을 합하여 문제를 풀기로 하고 각자 나누어 쓰기로 하였던 것이다.

그 때, 우승이 가려졌진 문제는 '사람의 혈액형은 A형, B형, AB형, O형, Rh-형, Rh+형이 있다. 그러면 소는 무슨 형이겠는가?' 라는 문제였던 것이다. 갑자기 조용했던 분위기가 어수선해지면서 답을 훔쳐보려는 사람들로 난무해졌다. 우리 가족은 정확한 정답을 몰랐기 때문에 한 가정이 각자 한 개씩 나누어 쓰기로 했다.

정답이 'B형' 이라는 진행자의 목소리에 우리 여섯 가족 중 언니네와 셋째 동생네 가족이 정답을 맞혀서 현금 5만원이 든 봉투를 각자 하나씩 나누어 받게 되었다. 받은 상금 10만원으로 20여명이 넘는 가족들의 축하 마당과 기쁨을 나누는 회식 자리가 마련되었다.

그 이후로 골든벨은 친정 가족의 단골이 되어 4년째 되는 올 해는 천신만고 끝에 남편과 내가 2등을 차지하게 되었다. 상금은 줄어들어 3만원에 불과했지만 기쁨에 목말라했던 우리가족에게 단비로 적셔주기에 충분했다.

어려운 가정 살림에도 남편은 그 돈에 사비를 보태어 친정 가족들에게 점심을 같이 할 것을 잊지 않았다. 비록 칼국수로 배를 채웠지만, 우리가족은 뿌듯한 보람을 느꼈으며 남편의 어깨가 좀 가벼워지는 듯 보였다.

자꾸만 약해져가는 몸 때문에 예전처럼 딸들과 함께 뛰지는 못했지만, 자리를 지키며 그 순간을 함께한 가족이 있었기에 올해의 어린이날도 어른들의 날인 것처럼 철없는 웃음을 날릴 수 있었던 것 같다.

'내년에도 우리가족이 골든벨에서 승리의 기쁨을 맛볼 수 있을까!' 하는 또 다른 기대를 해보면서 비에 흠뻑 젖어 빨랫줄에 매달려 있는 옷에게도 환한 웃음을 전할 수 있었다.

제2부

낡은 흑백 사진 한 장

성장 시절

산새 좋고 인심 넉넉한 고장 충청도, 서해안 바닷가에 위치한 광천에서 중학교까지 마친 나는, 대학을 가기 위해 중 3년 동안 대입을 치르기 위한 고등학교 3년처럼 공부에 전념한 적을 기억한다.

집에서부터 걸어서 40분을 가야하는 광천 여자 중학교는 읍내가 끝나는 지점으로 부터 직선 거리로 500미터는 더 가야만 학교가 논 한가운데 위치해 있었다.

1979년 30대이신 친정아버지의 위하수와 위궤양, 담석까지 있어 병이 악화되어 더 이상 과수원을 일굴 수 없게 되자 부모님은 헐값에 땅과 집을 팔고 농촌에서 조금 떨어진 읍내로 이사 오셔서 조그마한 하숙집을 운영하셨다.

친정엄마의 부지런함과 억척같은 생활력에 일반 손님 외에 대전이나 공주를 오가는 직행 버스 기사와 안내양의 숙식을 도맡아 아침밥과 저녁밥을 해주셨기 때문에 늘 바쁘고 힘들어 하셨다. 그래서 우리 6남매의 도시락은 각자 자기 손으로 싸야 했기에 부엌은 아침 먹으라! 도시락 싸라! 늘 북새통을 이루었다.

시내로 이사 오면서 우리들이 도맡아 하던 아침밥과 저녁밥 하기 그리고 설거지, 소여물 쑤는 불때기, 새끼줄 꼬기, 밭 일 하기, 담뱃잎 나르기, 닭 키우는 집에서 닭똥 사다 나르는 일손 돕기, 과수 나무 약치는 일 돕기, 돼지 먹이 얻어오는 부모님 리어카 매일 따라다니며 밀어 드리기, 아침 일찍 콩나물 팔러 가시는 아버지를 따라가 도와주는 일, 닭 모이로 메뚜기나 개구리 잡아오는 일, 봄이면 쑥이나 냉이, 달래 캐오는 일 등, 농촌에서 하는 여러 가지 잡일들이 없어지자 우리 다섯 자매들은 그 시간을 공부 하는데 투자하였다. 공부 잘하지 못하면 공부 안 시키고 공장이나 보내서 돈 벌어오게 만든다는 엄마의 한마디가 아마 더 무섭게 우리들 가슴에 와 닿았기 때문일 것이다.

둘째인 나를 기점으로 도시로 고등학교에 가자 모두들 무섭고 엄한 부모님 곁을 벗어나고 싶은 마음에 누가 시키지도 않았는데, 동생들도 열심히 언니들을 따라 공부하게 되었고, 마침내 딸들이 하나 둘씩 집을 떠나는 것이 서운하셨던 아버지의 만류로 막내 딸만 이라도 곁에 두고 싶어 하시는 바람에 다섯째 딸만 그곳에 남겨 놓고 남동생까지 5명의 남매가 도시로 나오게 되었다.

친정 아버지의 완고함과 고지식함, 그리고 불같은 성격은 우리 딸들에게는 무서움과 두려움 그 자체였다. 친정 아버지는 자매들 중 어느 누구하나 사소한 잘못도 용서하지 않으셨다. 한 사람만 잘못해서 싸우면 모두 흙마당이나 시멘트 콘크리트 바닥에 무릎을 꿇게 하였다.

언니, 나, 셋째 여동생에게는 팔목 위에 무거운 절구대가 얹혀지고, 동생들 둘은 긴 대나무 빗자루가 얹혀졌다. 막내 남동생은 어려서인지, 아님 우리들 기억 속에 외동 아들이라 귀하게 낳고 자라서 그런지 항상 예외였다. 그 누구라고 손이 내려가 절구대가 기울거나 떨어지는 날에는 회초리로 모두 맞고 잘못했다고 싹싹 빌어야 했다. 그리고 다시 주어진 시간보다 더 들고 있어야 했기에 우리는 누가 시키지 않았는데도 나중에는 협동하고 쉬쉬하며 서로 허물을 감쌀 수 있었다.

동생들이 밖에서 맞고 들어오는 날에는 자매 중에 특히 마르고 허약했던 나와 동생들이 다 같이 가서 힘을 합쳐 혼내주고 도망 왔던 일들을 생각하면 우리 자매에게 맞고 울던 사납던 이웃 언니가 가끔 생각날 때도 있다.

한 번은 등교하는 친구들이 활짝 열어진 대문 사이로 벌 받고 있는 우리들을 바라보며 키득키득 웃고 지나가거나 놀리는 친구들도 있어 창피해서 고개를 땅으로 떨어뜨리거나 다른 곳으로 고개를 돌려야 할 때도 있었다.

지금 생각하면 친정 아버지는 그 때 왜 우리들 자존심은 생각도 안 하시고 당신 생각만 고집 하셨는지 모른다.

그런 환경에서 자란 때문인 지 지금 우리 6남매의 자존심은 지금도 남들보다 지는 것을 싫어하고, 가치관도 뚜렷하며 자립심도 강하다. 모두 자기 하는 일에 완벽하고 서로에게 피해 주는 것도, 손 벌리는 것도 싫어한다. 딸들 모두 생활력 또한 무척 강하다.

우리 남매의 벌 받는 시간과 장소는 아무 때나 상관없었다. 학교 가는 시간에도 아랑곳없이 벌 주시는 아버지와 엄마는 설거지 안 하고 등교하는 언니를 그 즉시 학교까지 가서 잡아와 설거지를 끝까지 시키고 보내는 분이셨다.

그런 분들의 성격에 우리 자매들 누구도 거역하거나 뿌리칠 수 없었다. 아빠 · 엄마의 말이 곧 법이요, 진리였다. 그나마 동생들이 기억하는 나에 대한 벌은 '언니는 몸이 약해서 조금만 맞아도 까무러치거나 쓰러져서 부모님이 덜 혼냈다'는 말을 잊지 않는다.

난 학교까지 걸어가는 시간이 아까워 어른 자전거를 배워서 자전거로 매일 통학하였다. 자전거를 타고 다니는 아이들 대부분이 집에서 학교까지의 거리가 한 시간 이상 걸리는데 비해, 우리 집은 그리 멀지 않은 편이었는데도 불구하고 내가 자전거를 3년 동안 한 번도 거르지 않고 타고 다닌 것은 시간을 아끼기 위함 뿐만 아니라, 학교 문을 닫는 밤 10시까지 교실에서 공부하는 학생 중에 한 명이었기 때문이다.

학교 가는 길까지 500미터 정도는 비포장 도로로 되어 있었기에 차라도 지나갈 때면 어김없이 뿌연 흙먼지로 뒤집어쓰곤 했다. 트럭에서 내뿜는 흙먼지는 싫었지만 매연은 항상 배고픈 우리들에게 코를 킁킁거리며 맡는 향수와도 같은 냄새였다고나 할까!

그 냄새가 왜 그리 좋았는지도 모르고 차를 뒤쫓아가며 냄새를 맡으려 애써댔던 생각을 하면 지금도 헛웃음이 나오곤 한다.

공부를 마치고 여학생 몇 명이 달빛과 함께 자전거 바퀴가 돌아가면서 비치는 희미한 빛에 의지하여 비포장 도로를 걷노라면 뒤에 처진 사람은 무서워서 앞서거니 뒤서거니 하면서 서로 먼저 가려 경쟁하여 걷는 바람에 발걸음은 갈수록 빨라져 갔다. 유독 무서움이 많고 겁이 많았던 나는 그 애들과 방향도 같았고, 그들보다 집이 가까웠기에 내가 먼저 집에 도착하는 것이 다행한 일이었다.

학교에서 밤 10까지 남은 학생은 열 명 안팎이었다.

광천여자중학교는 한 반에 67명이나 되는 인원이 8반까지 있었다. 시골치고는 많은 여학생들이 서로의 꿈을 찾아 도시로 도시로 나갔다. 나도 그 중에 하나였다. 초등학교 때부터 고등학교 때까지 내 꿈은 변함이 없는 교사였다. 그 당시 공주 사대 국문과에 다녔던 이종 사촌 오빠의 영향을 받고 난 뒤, 난 국어 선생님이 되겠다고 결심했고 꿈꿔 왔다. 그리고 우여곡절 끝에 사범대학 국어 교육과를 나와 잠시나마 교단도 서게 되었다.

그 꿈을 이루기 위해 난 집에 도착해서도 씻기만 하고 계속 공부를 해야만 했다. 마음 편히 누워서 자거나 발 뻗고 잘 수도 없었다. 문틈 사이로 세찬 바람이 들어오는 문 앞에 놓인 철책상에서 공부하다가 꾸벅꾸벅 졸고 있는 나를 보고 부모님이 누워서 자라고 몇 번 다그치시면 그 때서야 마지못해 누워서 자곤 했다.

중 3이 되자 차가운 철책상에 엎드려 자는 것도 과분하다 싶어 쏟아지는 졸음을 쫓으려 여러 가지 방법을 강구해냈다. 촛불을 책상 머리 위에 켜놓고 공부하다가 꾸벅꾸벅 졸면 머리가 앞으로 떨어져서 머리카락 타는 냄새가 나서 잠이 깨던가, 아니면 살이 뜨거워서 잠이 깨도록 시도해 보았다. 가끔 머리카락을 끄슬러서 그렇지 효과는 있었다. 하지만 초가 넘어져서 불이 날 염려가 있었기에 그 방법은 곧 그만두어야 했다.

그 다음에 생각해 낸 방법이 바늘이었다. 천으로 둥글게 만들어 놓은 쿠션 같은 바늘꽂이 집을 책상 위에 올려 놓는 것이다. 마찬가지로 졸다가 고개가 숙여지면 바늘이 이마를 찔러 잠을 쫓는 방법이었다. 이 방법도 별로 효과가 없었다.

다음엔 한겨울에 얼음이 있는 찬물을 세숫대야에 담아 책상 밑에 놓고, 맨발을 담그면 발이 차가워져서 잠이 안 온다는 말을 듣고 해 보았다.

어릴 적 장작불을 때어 따뜻한 아랫목은 부모님과 동생들 차지였고, 둘째인 나와 언니는 불이 닿지도 않는 윗목에 요를 깔고, 크지도 않은 이불을 셋이서 덮으면 이불이 너무 작아 서로 잡아당기며 자기 전 이불 싸움을 한차례 치르고서야 잠이 들기 일쑤였다. 바람은 어디서 그리 들어오는지, 서로 발을 감싸야만 발이 따뜻해져 간신히 잠을 청할 수 있었다.

그런 기억이 있었기에 해 보았지만 차가운 물은 곧 발에 익숙해지고 발에 있던 온기가 거꾸로 물을 데우는 격이었다. 다시 얼음이 든 찬물로 갈아도 마침내 발은 무뎌지고 쏟아지는 잠은 어쩔 수가 없었다. 나중엔 발에 동창이 걸려 고생하는 꼴이 되었다.

그렇게 공부하며 부모님 밑에서 자랐던 내 중학교 시절은 사춘기조차 겪어보지 못하고 도시로 나와 혼자 생활 하는데 첫 걸음이자 첫 성장통을 겪어야 하는 계기가 되었다. 누구나 아름답다고 기억하는 여고 시절을 말이다.

낡은 흑백 사진 한 장

일요일 밤부터 강한 바람이 불고 비가 오더니, 다음날 아침부터 날씨는 영하권으로 내려갔다. 한 주가 시작되는 월요일 해가 뜰 무렵, 11월의 마지막 가을을 보내기가 아쉬운 듯 그렇게 아침부터 날은 어두웠으며 비는 계속해서 조금씩 내렸다.

잔잔했던 바람은 오후부터 강한 바람으로 변하여 태풍이 아니었는데도 태풍 같은 기세로 창문에 거세게 와 닿았다.

스산했던 날씨에 기분이 별로 좋지 않았던 친구들의 동창 밴드 모임 울림 소리는 지난 밤에 바람 이야기로 잠 못 이룬 이야기를 풀어 놓는 듯 싶었다.

늘 날씨에 예민했던 나는 그날따라 그런 날씨가 원망스럽지 않았고, 오후 6시경 밤이 찾아오는 퇴근 무렵, 겉옷을 얇게 입고 왔기에 걸어서 집에 10여분 가야 한다는 것 빼고는 창밖을 내다보며 흔들거려 떨어지지 않으려고 몸부림치는 주황빛으로 물든 단풍잎들이 안쓰러워 바라볼 뿐이었다.

'어휴! 예뻐라! 저렇게 예쁘게 물들었는데, 맘껏 보기도 전에 다 떨어져 버리겠네!'

이 잎이 다 지기 전에 조금이라도 더 봐야겠다는 생각에 혼잣말로 궁시렁거렸다. 그리고 화장실 바로 앞 복도 창문을 열어젖히는 순간, 정말 얼굴에 찻물을 끼얹은 듯한 정신 번쩍 나는 바람이 내 얼굴을 후려쳤다. 겨울이 바싹 다가왔음을 알리는 매서운 바람이었다.

교실로 돌아온 나는 바람에게 따귀 맞은 억울함을 평소에 메신저로 담소를 나누던 선생님께 전하였다.

"선생님, 밖이 진짜 추워요! 바람이 많이 불어서 화장실 갔다가 창문 너머로 들어온 바람에 하마터면 날아갈 뻔 했어요."

내가 애교 아닌 애교 섞인 글로 전하자, 그 즉시 답장이 왔다.

"그래요? 큰일 날 뻔 하셨네요. 조심! 조심!"

유머 아닌 유머로 선생님은 내 말을 받아들였고, 난 거기서 빵 터져 버리고 만 것이다.

한 달 후면 지천명을 코앞에 두고 있는 나이였고, 몸무게가 60킬로 하고도 반을 훌쩍 넘어서는 통통한 몸집이었기 때문에 날아갈 일은 전혀 없는 데도 그리 받아 주심이 내게는 큰 축복이자 즐거움이었던 것이다.

그 말을 듣고 기쁨이 충만했던 나는 혼자 두고 보기엔 너무 아깝다던 생각에, 그 한 마디가 사람을 기분 좋게 만드는 마력을 지녔다는 사실을 알리고 싶어서 그 말을 사진 찍어 대학생인 딸에게 보냈다. 그보다 딸들에게 갱년기에 들어선 엄마가 아직은 여자로 매력을 지녔다는 증거로 보냈을 것이다.

평소 딸들과의 대화에 섞일라치면

"꿈 깨세요. 엄마, 엄마가 지금 몇 살 인데 그러세요. 우리 엄마 정신 연령은 꽃 띠, 육체는 이미 70대."

하거나,

"됐어요. 됐어."

하고 무시당하기 일쑤였다.

기다려도 보낸 딸에게 소식이 없자 난 동창들이 만나 대화를 나누는 초등 학교 밴드에 글을 올렸다. 그랬더니 즉시 반응이 왔다. 역시 같은 나이를 접한 친구들이었다.

첫 번째 반응은 상태 메시지였는데, 서울 강남에서 이름난 학원을 운영하는 한동네에 살던 남자 친구의 반응이었다.

'믿지 못하겠다.'는 놀란 표정과. '나두, 니말 100% 믿는 당~~ㅎ' 등 뒤이어 쏟아지는 고향 친구들의 정감 어린 인사가 왜 그렇게 반가웠는지 모른다.

한꺼번에 올라오는 인터넷의 위력을 처음 맛보는 나로서는 다른 세계를 접하는 기분이었다. 사실 난 이런 종류의 대화를 할 일 없는 사람들이나 하는 것으로 달갑지 않게 여겼는데, 4시간에 걸쳐 나도 그 속으로 빠져들어 식구들 저녁 차려줄 생각은 뒷전이었다.

그 이야기를 시작으로 곧바로 초등학교 친구 소식 이야기, 선생님 이야기, 여중 친구들 이야기가 봇물을 이루었다.

일찍이 터전을 타향으로 옮긴 나에겐 고향 소식이 너무나 간절했기에 더 열심히 참여했는지도 모른다. 잠시 내가 먹고 살기에 바빠 주부로, 직장인으로, 아이들의 엄마로, 아내로, 며느리로, 딸로만 살아온 세월에 묻혀 잊고 살았다고나 할까!

고마웠던 선생님 생각도 났지만 그보다 시골에서 초등학교 4학년인 우리에게 추억의 사진을 한 장 남겨준 선생님이 있었다는 것을 까맣게 잊고 살았다.

오랫동안 주인도 잃은 채, 방구석에 깊숙이 처박혀 뽀얗게 먼지 쌓인 옛날 사진첩을 꺼내 추억이 될 만한 초등학교 사진을 찾아 잘 정리된 앨범을 기대에 부풀어 한 장씩 넘겼다. 지금은 흔하고 흔한 사진이건만 초등학교 사진을 찾으려니, 그 당시 사진 기사에게 돈 주고 찍은 졸업 사진 두 장 외에는 단 한 장만이 앨범의 소중한 면을 자리하고 있을 뿐이었다. 시대가 70년대였고 가난한 농촌 살림이다보니, 지금처럼 제각각 집에 있는 사진기는 생각도 못했던 시절이었다. 그 당시 담임이셨던 김인태 선생님은 우리에게 사진을 찍어 사람 수 대로 자신의 돈을 들여서 나누어 준 것이다.

내가 기억하는 김인태 선생님 이야기다.

남자들과 뒤섞여 뛰어놀던 초등학교 3학년이 끝나고, 남자 반 따로, 여자 반 따로 각각 두 반씩, 각 반에 67여명의 인원이 자리한 농촌 시골 학교 덕명초, 할아버지 시대를 거쳐 아버지 그리고 나까지 3대를 졸업하던 해가 62회 이었으니, 아마 지금은 100년이 다 된 일제강점기 때도 견뎌냈던 역사와 전통을 간직한 학교였다.

4학년 2학기 때, 담임선생님의 사유로 새로 부임한 선생님이 담임이 되었다. 남자 총각 선생님이셨는데, 처음 좋아했던 모습과는 다르게 점점 우리에게 실망스런 모습으로 다가섰다. 그 이유로는 곧 5학년이라는 고학년에 들어가야 할 시기였기에 중학교에 가려면 주위 다른 초등학교보다 그래도 성적이 좋아야 한다는 나름의 생각이 들었나보다.

언젠가부터 아이들 입에서 하나 둘씩 불만이 터져 나오기 시작했다. 선생님은 국어 시간에도, 사회 시간에도, 수학 시간에도 대신 음악과 체육을 즐겨 하셨다. 악기를 잘 다루시고 노래도 잘 부르시던 선생님은 우리를 책 대신 노래와 운동장에서 놀게 하였다.

토요일이었던 것으로 기억한다. 실력이 없다고 생각한 우리 반 몇 명의 친구들은 교실 청소가 끝나고 선생님이 퇴근 하신 뒤, 교장실로 찾아가 선생님을 바꿔달라고 데모 아닌 데모를 하자며 약속했다. 말없고 숫기 없던 내가 그 자리에 끼어 있었던 것은 무슨 생각에서였을까?

담임 선생님 몰래 계속 상황을 지켜보던 우리는 들락날락하며 교장 선생님이 퇴근 하시지 않기를 바라며, 어서 담임 선생님이 퇴근하시기만을 기다렸다. 그래야 우리가 세워 놓은 공약을 교장선생님께 전달할 수 있었기 때문이다.

하지만 우리는 무슨 이유였는지 허탈해서 그냥 귀가했고, 주말을 보내고 다음 월요일이 시작되는 날은 누구하나 다시 거론하지 않았다는 사실이다.

겨울 방학이 찾아오고 선생님은 우리 반을 부모님과 함께 사시는 집으로 초대 하였다. 충남 대천 밑 '남포면' 이라는 (지금 생각하면) 깡촌이었는데도 말이다. 깡촌이었다는 사실은 선생님 댁을 방문하고 알게 된 사실이었다. (뒤에 선생님을 만나 알게 된 사실이었는데 선생님은 그 당시 지주집 막내 아들이었다고 한다.)

역에서 만나 선생님께서 끊어 주신 비둘기 완행 기차를 타고 한 시간을 가다가 어느 시골 한적한 역에서 내렸다. (그 당시 내가 읍에서 살았기에 면이면 더 시골이라고 생각했다.) 눈 쌓인 철로 길을 따라 열네 명이 모여 선생님 뒤를 졸졸 따라갔다. 철로 양쪽엔 산으로 둘러싸여져 있었으며 인가라곤 찾아 볼 수도 없는 곳이었다. 기차가 오면 양 옆으로 비켜서서 보낸 다음 다시 철길로 올라서서 걸어

갔다.

그 당시 철로로 걸어간 것은 눈이 많이 쌓여서 길을 알 수 없었기 때문인지, 아니면 철길을 따라가야 빨리 갈 수 있어서 그랬는지는 알 수 없었다. 지쳐간다 싶을 때 철길 바로 옆에 초가 지붕에 눈 쌓여 처마 밑 고드름으로 주렁주렁 매달린 허스름한 집 한 채가 보였다. 그 곳이 바로 선생님이 사시는 집이라는 것을 깨달았을 때는 실망과 허전함으로 가득했다. 그 당시 선생님이라면 모두들 부잣집으로 생각했을 때였던 것 같다. 선생님은 화장실도 안 가시는 분이라고 믿었던 시기였다.

선생님 집을 방문한다는 설렘에 한 시간에 걸쳐 양갈래로 머리를 땋아 묶어준 언니로 인하여 내 두 귀는 꽁꽁 얼어버렸다. 매서운 눈보라가 치던 날씨였기에 뜨개질로 뜬 모자를 쓰고 온 아이들 속에 나만 모자도 없이 이마와 얼굴을 드러낸 채 더 추워했던 것 같다.

눈으로 범벅이 된 손 장갑과 양말을 벗어 아궁이에 말리도록 신경 써 주신 선생님, 동창이라도 걸릴까 봐 배려했음을 이제야 깨닫는다.

어머님이 정성껏 끓여주신 떡국에 허기를 달랬다. 그리고 사랑방에 둘러앉아 선생님이 알려주신 대로 처음으로 윷놀이도 했다.

지금 생각하면 진정으로 아이들을 사랑하고 몸으로 실천하신 선생님이셨는데, 그 시절 왜 우리는 공부가 전부라는 어리석은 생각만 하였을까!

왜 선생님을 진작 생각하지 못했을까!

지금 이 시각 선생님이 사뭇 그리워진다.

내일이라도 수소문해서 찾아봐야겠다. 다행히 지금도 같은 하늘 아래 살고 계시다면, 내가 쓴 책을 들고 가 그 때 그 제자가 이제야 찾아왔노라고 꼭 껴안아드려야지!

난 지금 40년 전의 내 모습인 아이들과 초등학교에서 부끄럼 없이 당당하게 생활하고 있다고 꼭 전해 드려야지!

1975. 12. 대천읍 남포면 철길에서

기타 타고 추억 여행 속으로

그녀는 일주일에 한 번 가는 기타 강습을 받기 위해 문화센타로 향하였다. 퇴근 시간이라 그런지 길은 학원을 오가는 학생들과 퇴근하는 사람들로 붐비었다. 사람들 사이로 재빠르게 빠져 나가는 그녀의 뒷모습도 바쁜 듯 보였다.

강의실로 들어선 그녀는 주위를 의식한 듯, 얼른 기타를 꺼내 놓고 악보도 꺼내 올려놓는다. 그리고 숙제를 안 해온 탓에 열심히 줄을 튕기지만 뜻대로 나오지 않는 음에 몇 번 눈쌀 찌푸리기를 반복한다.

20여 분의 시간이 지나자 강사님이 오시고 서로 반갑게 인사한다.

5~60대로 보이는 여자 두 분과 남성, 40대 후반의 그녀, 그리고 20대 초반인 여자 한 명, 남자 한 명, 중학생인 듯한 남자 아이와 그의 여자 친구, 초등학생으로 보이는 남자 아이 하나, 휴가를 떠난 듯 몇 명은 보이지 않았다.

반주 연습이 시작되었다. 고고의 기본 패턴과 변형 패턴 4가지를 배우고 반복해서 쳤다. 언제나 열심이었던 그녀의 손은 오늘따라 힘이 없는 듯 뜻대로 움직여주질 않았다. 선생님의 반주에 가끔은 넋이 나간 듯 물끄러미 쳐다보기만 할 뿐이다.

사실 그녀는 그 순간에 고등학교 시절 1학년 때 한 집에서 여섯 가구가 함께 자취를 했던 또래 친구 의태와 그 형을 생각하고 있었다.

시골 읍에서 대도시로 공부하기 위해 올라온 그녀는, 간호대 학생인 언니와 자취를 하면서 외로움을 견딜 수 있는 유일한 방법이 노래였다. 양옥집으로 지은 1층은 주인이 살고, 2층 독채는 직장에 다니는 누나와 대학생인 형과 함께 사는 그녀 친구 의태가 사는 곳이었다. 나머지 네 가족은 방 하나 달린 곳에서 초라하지만 목표를 가지고 꿈을 키우기 위해 도시로 올라 온 유학생들이 살았다. 공교롭게도 그 집에 살고 있는 그녀의 또래 친구는 남자 셋, 여자 셋이 있었다. 부엌도 없이 방 한 곳에 조그마한 찬장을 놓고 방안에서 살림을 하던 우리와는 너무나 다른 처지에 있었던 그 친구를 그녀는 잠시나마 생각하였던 것이다.

기타를 치면서 불러주던 노래를, 함께 부르는 노래를 무척이나 좋아했다.

지금 그녀가 불혹을 넘어 지천명으로 들어가는 순간 그녀에게 새로운 돌파구의 하나로 기타를 선택했다. 20세 때 혼자 독학으로 배웠던 기타를 30여 년 간 잘 간직하고 있었고, 초등학교 때부터 계속 합창단에서 노래 부르고 기타를 치면서 노래 부르는 것 역시 그녀가 좋아하는 것이기에 외로움과 젊음을 보상 받을 수 있다는 심리가 작용한 것일지도 모른다.

그런데 기타를 다시 배우기 시작하면서 강원도 어느 산골 초등학교에서 아이들과 웃고 울며 생활하고 있을거라고 여겼던 친구가 우연히 교육청에 있는 분으로부터 같은 지역에 근무하고 있다는 것을 알게 되었던 것이다.

30년이 넘은 지금도 젊음을 그대로 간직하며 살아가고 있는 친구는 다시 그 시대로 돌아가고 싶다고 그녀에게 말한다. 오십이 다 된 나이임에도 불구하고, 아들이 성년이 되어 군대에 갈 준비를 하고 있는 즈음인데도 그 녀석은 아직 징징대는 사춘기의 그 때 그 아이였다.

강사의 기타 전주곡 소리에 맞춰 혜은이씨가 부른 "당신은 모르실거야." 라는 노래가 선을 타고 흘러 나왔다.

당신은 모르실거야. 얼마나 사랑했는지
세월이 흘러 가면은 그때서 뉘우칠 거야.

마음이 서글플 때나 초라해 보일 때에는
이름을 불러 주세요. 나 거기 서 있을게요.
두 눈에 넘쳐 흐르는 뜨거운 나의 눈물로
당신의 아픈 마음을 깨끗이 씻어 드릴게.
음~ ~ ~
당신은 모르실거야. 얼마나 사모 했는지
뒤돌아 봐 주세요. 당신의 사랑은 나요.
당신의 사랑은 나요. 당신의 사랑은 나요.

"오기영씨는 노래는 잘 부르는데, 왜 기타는 안 치고……."

"예, 오늘은 힘이 없네요."

그녀는 얼떨결에 그렇게 답하고 말았다.

집으로 돌아오는 길 내내 그녀의 입에선 노래가 저절로 흘러나왔다.

"당신은 모르실거야. 얼마나 사랑하는지……."

오늘따라 들리는 그녀의 노래 소리는 더욱 구슬프게만 느껴졌다.

* 2013년 7월 25일

나의 이웃

'이웃', 누구에게나 이웃은 있다.

하지만 가슴깊이 이웃의 고마움을 느끼게 한, 아니 이웃이 따스하게 내게 다가온 것은 올해 우리 가족의 험난한 여정과 변화를 겪으면서였다.

10년 전부터 우리가족은 어려운 일들로 방황과 변화를 거듭해왔다.

1남 5녀의 자식을 둔 친정 부모님은 농촌의 작은 마을에서 피나는 노력과 절약정신으로 어느 정도 기반을 잡아 대전에서 부모님과 6형제 모두 자리를 잡게 되었다.

올해까지 남동생을 마지막으로 배우자를 찾아 한 가정을 이루기까지는 파란만장한 삶이 우리가족을 기다리고 있었다.

10년 전 둘째 딸인 나의 결혼과 함께 찾아든 언니의 암 소식은 우리를 충격 속으로 몰아넣었다. 희귀암으로 알려진 '혈관주의 조직암' 인 언니의 투병 생활과 함께, 가족의 충격이 가시기도 전에 셋째 제부의 갑작스러운 폐암 말기 선고는 한 달 만에 세 살, 네 살인 두 자녀를 남겨 놓게 하였다.

셋째 동생은 두 자식을 데리고 먹고 살기 위한 생활 전선으로 뛰어들었고 친정 부모님의 아낌없는 사랑과 도움으로 원룸을 운영하게 되었다.

넷째 동생 역시 IMF로 인해 찾아든 시련과 함께 믿었던 지기지우였던 친구의 배신으로 유능한 교사를 자살이라는 수렁으로 몰아넣었다.

한순간에 한 가정이 아니니, 한 집안이 풍비박산(風䨫雹散)이 나고 말았다.

돌아가면서 찾아드는 나쁜 소식에 우리가족은 늘 불안과 기도 속에서 살아야했다.

언니의 건강이 어느 정도 회복되고, 셋째 여동생과 넷째 여동생의 삶이 안정을 찾아든 올해, 우리가족의 험난한 변화는 작년 11월 교통 사고와 함께 찾아들었다. 출고된 지 1 년밖에 안 된 우리 차는 피해자로서 수리비가 300만원이 넘게 청구되었으나, 다행이 신의 도움으로 경미한 타박상만 입게 되었다.

10살과 6살 된 두 딸을 둔 나에게 교통 사고와 함께 알게 된 임신 소식은 가족이 한 명 더 생긴다는 기쁨과 함께 아기를 생각하며 교통 사고의 후유증도 잊게 하였다.

그러던 어느 날, 대구 지하철 화재 사고가 일어나던 날 밤, 억울하게 운명을 달리한 사람들의 죽음을 슬퍼하기나 한 듯, 뱃속의 나의 아기도 신호를 보내고 있었다. 어떻게든 살려야겠다는 의지와는 다르게 나의 몸은 아기가 더 이상 버틸 수 없는 지경이 되었다.

9년 전 아홉 달 만에 의사의 오진으로 인하여 내 아이를 잃었는데, 또 그렇게 힘들게 한 생명을 이 세상의 빛도 보지 못한 채, 여섯 달 만에 보내고 있었다.

병원에서 두려움과 슬픔을 이기고 있을 때, 또 다시 찾아든 충격은 우리가족을 아니, 나를 우울증과 함께 삶의 무의미를 느끼게 하였다.

13년 동안 고객과 업무에 충실해 왔던 남편은 여직원의 공금 횡령으로 인해 직장을 잃게 만들었다. 여직원의 한 순간의 욕심이, 탐욕이 한 가정을 수렁텅이로 빠뜨린 것이다.

3달째 남편은 대문 밖으로 나가려 하지 않았다.

10년 동안 데리고 있던 여직원의 배신이 남편의 몸과 마음을 혼란 속으로 빠뜨리고 일에 대한 애착을 버리게 하고 만 것이다.

몇 년 동안 힘든 고난(苦難)를 겪었던 형제들의 반응은 이젠 대수롭지 않은 듯, 무덤덤하게 받아들였다. 그리고 자신이 스스로 일어났던 것처럼 일어나 주길 바라고 있었다.

방황 속에서 헤매일 때, 평소 가깝게 지냈던 이웃들은 멀리 있는 가족보다 더 따스한 존재였다.

갑자기 찾아든 변화가 두려워 밤잠을 설칠 때면, 찾아가 위로 받고 도움 주는 이웃이 있어 그래도 난 행복하다. 그리고 도움을 받기보다는 주기 위한 이웃을 찾아 나갈 때, 우리가족의 행복은 아니, 내 마음의 평화는 찾아올 것이다.

* 2004년 문예 백일장 '대상' 수상

어린 시절

저녁 설거지를 끝내고 가습기에서 뿜어져 나오는 쑥 향기를 맡으며 하루 일과를 정리하던 중, 문득 열한 살 난 딸아이가 저녁 식사 도중 묻는 말이 생각났다.

"엄마! 엄마도 학교 다닐 때 저처럼 재미있었어요?" 라는 질문에

"그래. 무척 재미있었지."

라는 대답 보다는

"아니! 엄마 초등학교 다닐 때는 재미있었다기보다는 힘들었던 기억들로 가득하단다."

라고 말해 버렸다.

그때는 도시락도 제대로 싸 가지고 다닐 수 없었다.

도시락을 안 싸 온 날은 점심 때가 되면 아픈 척 일부러 책상에 엎드려 있었고, (사실은 친구들 밥 먹는 소리가 더욱 더 내 뱃속의 장들을 꼬르륵거리게 만들었다.) 배 안고픈 척 태연하게 연기를 하기도 했었다.

어느 땐 운동장에 나가 한바퀴 돌거나 건물 뒤편 햇볕이 잘 안드는 수돗가에 나가 물을 대신 마시기도 하였다.

가끔 도시락을 놓고 온 자식들을 위해 점심 때가 되면 복도에서 기웃거리시던 친구들 부모님을 볼 때면, 혹시 하는 마음이 어린 나를 더욱 실망스럽게 만들기도 하였다.

그 땐 우리 집도 그리 어려운 형편은 아니었지만, 젊은 나이에 아버지가 아프셨기 때문에 아버지께서는 집안의 농사일도 제대로 할 수 없었고, 조그만 과수원을 하였어도 거의 내다 팔아서 과일조차 실컷 먹었다는 기억이 없었다.

1남 5녀를 두신 부모님은 다섯 명의 딸들을 집안 살림을 돕는 일손으로 쓰셨다.

14살 때까지 시골에서 자란 우리 자매들은 학교에서 돌아오기가 무섭게 가방을 내던지고 밭으로 나가야만 했다.

고사리 같은 손에 풀을 뽑기 위한 호미가 쥐어지고, 포도나무 껍질을 벗기기 위해 가끔은 칼도 쥐어졌다.

더운 여름 날 과수나무 약이라도 하는 날이면, 한 살 아래인 동생과 나는 어른들이나 하는 살충제 기계에 양쪽으로 마주보고 서서 발판에 한발 씩 올려 놓고, 양쪽 손으로 손잡이를 잡고 서로가 자기 앞으로 한번씩 번갈아 가며 있는 힘껏 밀었다 당겼다 하면, 살충제 약은 길다란 호스를 통해 나가 나무에 뿌려지는 것이었다.

햇볕은 따갑고 있는 힘을 다하며 기를 쓰고 빨리 끝내려고 했지만, (그래야 조금이라도 놀 수 있으니까) 우리들 몸통 스무 배가 넘는 약 그릇 통은 줄어들 줄 모르고 하고 또 해도 끝이 없었다.

일을 하다보면 농약 냄새를 너무 장시간 맡은 탓에 속이 넘어올 것 같았고, 이마엔 구슬땀이 주르륵 흐르고 힘이 한계에 부딪혀도 끝날 때까지 해야 했다.

우리들에게 꾀병이란 있을 수 없었다.

운이 좋으면 저녁밥을 지어 놓으라는 친정 엄마 말씀이 떨어지기가 무섭게 신이 나서 집으로 들어와 쌀을 씻어 솥단지에 넣고 연탄불에 올려 놓은 다음, 아궁이에 불을 지피던 기억도 되살아났다.

저녁 설거지도 아침 설거지도 모두 우리들 차지였다.

아침 설거지를 하고 학교에 가라는 엄마 말씀에 설거지를 안 해 놓고 학교에 가면 친정엄마는 한걸음에 달려와 고집 피우고 가던 우리나 언니를 끌고 다시 집으로 데리고 간 뒤, 설거지를 끝낸 뒤 늦게라도 학교에 가게 하기도 했다.

아침 해가 뜨기 시작하면 아버지는 나를 깨우셨다. 학교 가기 전 한 시간 동안은 새끼줄을 꼬아야했다. 그래야 그 날 부모님은 내가 만들어 놓은 새끼줄로 가마니를 짜기도 하고 새끼줄을 시장에 내다 팔기도 하셨다.

언제부터 내가 새끼 꼬는 기계로 새끼줄을 잘 꼬게 되었는지 기억은 없지만, 초등학교 땐 새끼줄을 잘 꼬는 그럴듯한 기술자가 되어 있었다. 겨울이면 해도 뜨기 전 캄캄한 새벽에 불을 켜놓고 방에서 새끼줄을 꼬다보면 어느덧 해가 떠오르곤 했다.

한 번은 동네에 사시는 아저씨 한 분이 아침에 오시더니, 내가 새끼줄을 꼬 는 모습을 보고 신기해 하시며 '새끼줄 꼬는 대회' 라도 나가야 한다고 농담을 하신 적도 있었다.

아침에 한두 시간 꼬아 놓은 새끼줄이 없으면 저녁상을 물린 뒤, 몇 묶음 새끼줄을 꼬게 한 뒤 숙제를 해야 했다. 엄마는 가마니를 짜시고, 아버지는 볏짚을 다듬어 내가 새끼줄을 꼬게 만들어 놓으셨다. 난 옆에서 달달달 발로 구르며 박자에 맞추어 끊어지지 않게 연이어 볏짚을 넣어야 했다. 조금이라도 늦을라치면 새끼줄은 끊어져 버리던가, 굵기가 안 맞아 상품 가치가 없어져 팔지 못하기 때문이었다. 새끼줄이 끊어지면 새끼줄을 감고 있는 무거운 통을 풀어서 내려놓고 다시 연결해야만 했다. 그런 복잡한 절차가 있기에 실수하지 않으려면 정신을 바짝 차려야 했다. 그래야만 빨리 끝내고 숙제를 할 수 있었기 때문이다. 저녁밥을 먹고 난 뒤 놀거나, 공부를 하는 언니와 동생들이 부럽기도 했었다.

우리가 농사일을 거드는 날이 없을 때 학교에서 돌아오면 엄마는 쑥이나 나물을 뜯어오라고 하였다. 쑥을 뜯어 장에 내다 파시면 몇 십 원이나마 벌 수 있었기 때문이었다. 우리는 자기가 뜯어 온 쑥을 엄마가 시장에 내다 팔아 나누어 주시는 돈으로 학교 저금을 해야 했다. 나물을 뜯어 돈을 모아 열심히 학교 저금을 해야 초등학교를 마치고 그 저축한 돈으로 중학교 들어가는 교복과 가방을 사야 하기 때문이었다.

이런 나의 어린 시절은 중학교 1학년이 끝나던 겨울방학에 끝이 났다. 몸이 약하셨던 아버지가 농사일을 하실 수 없을 정도로 건강이 악화되셨기 때문이었다. 엄마는 가족의 생계와 아버지의 건강을 지키고자 시내에 집을 사서 하숙집을 하게 되었다.

이것이 내가 기억하는 어린시절의 생활이었다.

우리 또래의 사람들이 서로 만나 어린시절을 물어보면, 우린 산간 벽지 지방이나 산촌에 살다 온 아이들 같았다.

70대를 넘기신 친정 부모님들은 다세대 건물을 소유하고 노후를 자식 도움 없이 살아가시는 억척스러움을 보이신다. 난 가끔 그런 부모님이 불만스러울 때도 있지만, 자식들에게 도와달라고 손 벌리지 않는 부모님이 고맙기도 하다.

하지만 나의 어린시절을 돌아보면, 즐거웠던 추억보다는 어렵고 힘들었던 기억들이 내 고개를 흔들게 만든다.

* 2004년 〈문학사랑〉 '신인 작품상' 수상

옛 꿈 찾기

간 밤 꿈속에 초등학교 시절, 같은 학교 친구들이었던 동기생들이 많이 모여 있어, 내가 그들에게 다가가

'너 누구지?'

하면서 이름을 부르며 반가워하다가, 보고 싶어 했던 친구들 이름을 미처 다 말하지 못하고 그만 꿈속에서 깨어나고 말았다.

일요일이라 마음 놓고 늦잠을 푹 잔 탓일까!

아님, 요즘 텔레비전 프로그램에 나오는 '친구 찾기' 프로를 보다가 나도 모르게 친구들이 보고 싶어져서 꿈속에서나마 만나게 되었던 것일까!

아닌 게 아니라, 내 나이 사십 줄로 넘어서면서부터 학생 시절 같이 다녔던 친구들이 가끔씩 생각난다.

'그 애들은 어디서 무엇을 하며 살까!'

'혹시 동창생 모임에 나가서 서로 연락을 주고 받으며 살지는 않을까!'

하는 생각들로 가득 차면, 어느 땐 막연히 그들을 찾아 무작정 떠나고 싶은 생각마저 든다.

몇 달 전엔 여고시절 함께 몰려 다녔던 두 명의 여자친구들을 만났다. 그 친구들은 다 나보다 일찍 반려자를 찾은 덕에 지금은 대학생과 중 · 고등학생을 둔 부모들이지만 난 아직 어린 초등학생 딸을 둔 입장이다. 그러니 어디 말이나 통할 수 있었겠는가!

하지만 공통된 주제만은 한결 같았다. 여고 시절 맘껏 캠퍼스를 누렸던 그 아리따운 시절을 어찌 잊을 수 있단 말인가!

귀 밑 1센티미터를 기준으로 자른 단발 머리에, 검정색 플레이어 스커트에 허리를 잘룩하게 동여맨 허리띠 교복, 멋쟁이 검정 구두까지…….

3년 동안 어찌나 허리를 졸라매었으면 뚱뚱한 몸으로 입학했다가 대전 시내에선 가장 날씬한 몸매가 되어 졸업한다는 소문까지 나돌 정도였다.

교정 이곳저곳 둘러보며, 혹시나 앨범에 묻어 놓았던 기억들을 떠올리고 되새기며 추억 속으로 빠져들다 보니, 누군가의 입에서 내가 잊었던 이야기들이 쏟아져 나온다.

기독교 학교인지라 자의 반 타의 반 주말이면 교회에 나가게 되었다. 시골에서 공부에 전념하여 이 곳 대전으로 유학 오기란 쉬운 일이 아니었다. 그만큼 우리들 세 명의 자존심 또한 강한 여고생들이었다.

주말에 교회에서 우리는 같은 또래 남학생 셋을 만날 수 있었는데, 우연히 같은 인문계를 다니는 학생들이었다. 친구의 소개로 여학생 셋과 남학생 셋은 자연스럽게 가까워질 수 있었고, 실업계를 다니는 몇몇 또래 친구들은 우리들 여섯 명의 울타리를 넘볼 수조차 없는 입장이었다.

그렇게 학교와 교회를 오가며 2년 동안 친구들과의 우정을 쌓아 갔다. 시험 기간에는 이곳에서 가장 좋다는 국립 대학 도서관에 대학생처럼 변장하고, 몰래 잠입하여 대학생들과 함께 공부를 하다보면 마치 내가 이 학교의 학생이 된 듯한 착각에 빠질 때도 있었다.

공부하다가 지루하면 누구의 입에서 나온 제의였던 지, 딸기 밭이나 포도 밭 가자는 말이 나온다. 그러면 우리는 이구동성으로 찬성하며 서둘러 잽싸게 도서관을 빠져 나온다.

공부를 뒷전으로 미뤄 두고, 딸기 밭으로 향했던 우리들은 한 시간 동안 산내 길을 걸어 조그마한 개울을 건너게 되었다. 그 때 잘 나가던 내 인기는 두 명의 남자 친구들로 인해 들통이 나고 말았다. 나를 서로 업어서 건너다 주겠다며 신경전을 벌이던 두 친구와 내가 속으로 은근히 좋아했던 한 친구의 삼각 아니, 사각 관계는 지금도 쓴 웃음을 자아내게 했다.

사실 난, 가장 친했던 단짝 친구가 좋아하던 친구를 나 역시 은근히 좋아하고 있었다. 하지만 난 그 사실을 드러내지 않기 위해 애썼으며, 내 속 마음조차 들킬까봐 조심스러워했다. 그리고 다가오면 일부러 피한 적도 있었다. 그 땐 그것이 친한 친구에 대한 예의라고 생각 했으며, 내 자존심에 먹칠을 하고 싶지 않은 이유도 섞여 있었다.

그 때 왜 나는 속으로 좋아하던 아이를 좋아한다고 표도 내지 못하였던가!

고3이 되고 대입 시험이 가까워지자 우리들 일행은 먼 미래를 기약하며 뿔뿔이 흩어졌다. 20여 년이 지난 후, 우리는 각자의 자신을 뒤돌아보며 친구들을 수소문하여 찾아 다시 한자리에 모이게 되었다. 한 여자 친구는 소식이 두절 되었지만, 남자 친구들 셋은 지금 내가 사는 이 곳 증권가에서, 은행가에서, 경찰서에서 직장 최고의 자리에 올라 열심히 사는 인재들이 되었다. 그리고 여고 절친이며 나를 교회에 처음 끌어들인 친구는 초등학교 동창이자 고향집 옆에 살던 '엄친아'와 결혼했다.

누가 그랬던가? 결혼은 해도 후회, 안 해도 후회한다고.

각자의 가정을 지키며, 열심히 사는 그 친구들이 새삼 고마워진다.

내가 살아가는데 마음이나마 위안을 얻을 수 있는 친구들이기에…….

구름은 하늘에서 잠자고
추억은 구름 따라 흐르고
친구여! 모습은 어디 갔나?
그리운 친구여!
옛 일 생각이 날 때마다
우리 잃어버린 꿈 찾아
친구여, 꿈속에서 만날까!
조용히 눈을 감네.

평화를 부르는 노래

이젠 '친정 아버지' '어머니'라는 말만 입 밖으로 나와도 가슴이 저려오고 눈물이 돈다.

내 나이 불혹에 들어서면서 친정 부모님은 다른 어느 해 보다 힘들어 하시는 것 같았다.

올 해 칠순을 바라보시는 친정아버지께서는 하나 밖에 없는 남동생을 금이야, 옥이야 길러 작년에 몇 년 동안 반대 해오던 며느리를 맞았는데, 며느리가 올 해 아이를 낳으면서 결국 우려하셨던 일이 벌어지고 만 것이다.

우리 가족의 험난하고 고달픈 인생 여정은 10년 전으로 거슬러 올라간다.

가난한 시골 농가에서 맨몸으로 집안을 일으키시면서 1남 5녀의 자식들을 예쁘고 반듯하게 대학까지 당신들 힘으로 가르치시고, 딸자식 모두에게 혼수장만까지 넉넉하게 해주신 부모님은 둘째 딸인 나의 결혼과 함께 찾아든 언니의 희귀암 소식에 몹시 충격을 받으셨다.

'혈관주의 조직암'이란 병명을 가진 악성 희귀암은 1년에 한 번씩 네 차례에 걸쳐 수술을 하였으나, 고치지 못한 채 혈관을 따라 전신으로 퍼져 나갔다.

한 달에 몇 백 만원에 웃도는 치료비와 수술비는 가족은 물론 친척들까지 부담스럽게 만들었고, 보험에 가입한 이후 세 달이 지나야 보험 혜택을 받을 수 있다는 그 당시 보험 약관에서 3일이 모자라 불행히 보험 혜택도 받지 못한 채, 경제적 · 정신적으로 피나는 싸움을 해야 했다. 그런 가운데 언니의 살고자 하는 욕망과 초인간적인 힘은 언니를 오늘날까지 살아가게 하고 있었다.

언니의 암 소식에 식구들 모두 당황하고 있는 이듬해, 둘째 딸인 내게도 나쁜 소식이 전해졌다. 아이를 임신한 지 9개월에 들어서고 있던 어느 날, 2주 연속 계속되는 의사의 오진으로 인하여 내 뱃속에서는 애기가 죽어서 썩어가고 있었다. 산모의 생명조차 위급상황에 놓여 있다고 판단되었던 의사 선생님은 그날 중으로 대학병원에 나를 입원시켰고, 산모를 살리기 위한 조치가 취해졌다. 다음날 진통도 오지 않는 아이를 억지로 뱃속에서 꺼냈다.

아이의 살빛은 잿빛으로 변해 말라 있었고, 난 죽은 아이를 2주 동안 몸 안에 지니고 있었던 탓에 자궁선근종을 지니게 되었다.

둘째 딸인 내게 아픔이 있던 다음 해 가을 어느 날, 셋째 딸에게서도 나쁜 소식이 접해졌다. 남편이 폐암 말기라는 소식이 전해진 지, 한 달 만에 추석을 일주일 남겨두고 세 살, 네 살 난 어린 두 남매를 남겨 둔 채 다른 세상으로 가버린 것이다.

동생은 서른 두 살이라는 젊은 나이에 홀로 되어 예고되지 않고 갑자기 찾아든 남편의 죽음에 슬퍼할 겨를도 없이 먹고 살기 위한 생활 전선에 뛰어 들었고, 5년 만에 자기 집을 갖게 되었다.

한 집안의 믿지 못할 불행의 그림자는 다음 해 넷째 딸에게도 찾아 들었다.

우리나라에 IMF가 찾아든 그 이듬해 부유하고 안정되게 살아가고 있던 고등학교 수학 선생이던 넷째 제부가 지기지우였던 친구의 배신으로 많은 빚더미에 앉게 되면서 극단적인 방법을 택하고 만 것이다. 빚을 갚으려 집을 팔고 적금을 해지 하였으나 외동 아들로 어려움 없이 곱게 자란 그에게는 이겨낼 정신적 인내력이 없었다. 결국 자살이란 길을 택하였고 집도, 저축한 돈도, 보험도 다 털려버린 넷째 여동생은 서른 한 살 이란 나이에 4살 된 아들을 데리고 빈 몸으로 친정집에 얹혀 살게 되었다.

연이어 돌아가면서 찾아드는 전 가족들의 슬픈 역사는 끝이 없었고, 무사하기만을 바라는 가족들의 기도 속에서 두 해는 그냥 넘어가고 있었다.

이젠 불행의 그림자가 없어졌다고 생각하던 작년 이른 봄, 둘째 딸인 우리 집에 교통사고에 이어, 5개월 된 태아를 또 잃고, 13년 동안이나 천직으로 알고 다니던 남편의 직장에서 사건이 터진 것이다. 10년이나 데리고 있던 여직원의 2년간에 걸친 공금횡령 소식은 남편을 실의에, 아니 우리가족을 수렁 속으로 빠뜨리게 만들었다.

결국 남편은 직장을 버리고, 믿었던 사람에 대한 배신감으로 사람도 만나려 하지 않았다.

나는 생활비로 그동안 모아 두었던 적금과 자투리 돈을 모아 삼 년 간의 생활비로 썼다. 결국 가족의 생계를 위해 그동안 준비해 두었던 자격증과 글짓기 공모전에서 입상한 성적으로 밝은 꿈을 가지고 자라나는 아이들에게 글쓰기를 가르치게 되었다.

나의 취업으로 둘째 딸의 걱정에서 조금 안도하신 친정 부모님은, 며느리가 5월에 출산한 첫 번째 친 손자의 기쁜 소식도 잠시 뿐, 육손이라는 소식과 척추가 반쪽이 없다는 의사의 말에 병원 바닥에 앉아 참았던 고통과 설움에 통곡하셨다.

며느리가 살을 뺀다며 결혼하기 전 피웠던 담배 탓인 듯 원망 섞인 말씀도 하셨다.

하지만 부모님은 딸자식들의 슬픔을 떠올리며 정신을 수습하셨다. 그리고 돈만 있으면 수술하면 되니까 대신 너희들 둘이 열심히 벌라고 하시며, 앞으로 더 이상의 나쁜 일이 일어나지 않기를 기도하셨다.

언제부터인가 내 의지와는 다르게, 내가 살아온 삶의 철학과는 다르게, 나라 경제가 어려워지면서 실업자가 많아지고, 가장들의 실직으로 인하여 가정 경제가 흔들리고, 심지어는 귀중한 목숨마저 저버리는 사람들이 많아져서 불행하게 가정 파탄으로까지 이어지고 있다.

하지만 어려울 때 일수록 아껴 쓰는 정신과 가족 구성원끼리 뭉치는 결속력과 화합을 보여주어야 한다. 가족 구성원 중 한명이라도 힘들어하면 무관심과 질책 보다는, 감싸 안고 일어날 수 있는 관심과 사랑을 베풀 때, 가정의 평화와 함께 나라의 경제력도 회복될 것이다.

* 2004년 〈문학사랑〉 '신인 작품상' 수상

제 3 부

가슴에 소나기를 담다

산사와의 인연

지난 겨우내 스무 명이 넘는 아이들과 쉴 틈도 없이 생활하다 보니, 내 마음이 많이 지쳤나 보다.

힘든 몸에도 불구하고 주말마다 집안 일을 우선하던 나였는데, 이젠 그게 아니다. 올해로 들어서면서 집안 일 보다 내 심신이 먼저 쉬어야겠다는 생각이 앞서나 보다.

3월 내내 주말이면 성년이 되어 대학 졸업 1년을 앞 둔 큰 딸과 한참 공부에 독이 올라있는 고 2 된 둘째 딸을 꼬드겨 하루코스로 갔다 올만한 여행지를 찾았다.

지난 주말에 다녀온 곳은 세종시 인근에 위치한 영평사로 여행길을 택했다 그 절은 가을이면 구절초 축제로 유명한 곳인데 축제 기간 내내 이곳을 찾는 인파로 인하여 차들이 도로 옆까지 세워놓는 장사진을 이룬다.

여행지는 거의 내가 정하는데, 주로 이야기가 있는 조용한 절을 찾는다. 심신의 안정을 되찾는 데 고즈넉한 산사만큼 좋은 곳도 없다.

절 가까이 가면 바람에 흔들려 우는 풍경 소리가 들리고, 불경 읊는 소리가 스피커를 통해 들리기라도 하는 날이면, 절 입구에 도착하기도 전에 내 심장은 두근거린다. 가끔 운이 좋게 법회 시간에 맞춰 절 안으로 들어서면, 스님 목탁 두드리는 소리에 저절로 경건해지고 내 더러워진 심신도 덩달아 정화작용을 하는 듯하다.

정문을 지나 옆문 쪽으로 신발을 가지런히 벗고 법당으로 들어서면 몸은 더욱 더 꼿꼿해진다. 주로 오래된 목조 건물 그대로 보존되어 있기에 울퉁불퉁 튀어나온 마룻바닥 위를 걷고 있을 때, 소리라도 나는 날에는 부처님에 대한 예의에 벗어난 듯싶어 여간 조심스럽게 발을 내딛는 게 아니다.

자리를 잡기 전에 지폐를 꺼내 불전 함에 넣고 어느 땐 향을 피운 뒤 합장을 한다. 뒷걸음으로 몇 발짝 물러나 자리에 앉으면 그 때부터 내가 원하는 절을 시작하게 된다.

난 주로 부처님 한 분에 7배를 하는데, 마음의 안정을 구할 때나 원하는 소망이 있을 때는 108배를 한다. 108개가 엮어져 있는 염주를 돌리면서 하다보면 기도에 푹 빠져 다리 힘이 풀려서 무릎이 후들거리고, 이마엔 겨울임에도 불구하고 땀으로 흠뻑 찬다. 그래서 내게 손수건은 필수이다. 그렇지 않으면 앉는 방석에 땀이 떨어지기 때문이다.

한 번은 여름에 형제자매들과 함께 수덕사 절을 찾았다. 기도를 올리는 도중, 방석에 떨어진 땀 때문에 그 곳을 지키는 경비 아저씨께 꾸지람을 듣고 나니 기도 올리던 마음이 엉망으로 바뀐 적도 있었다. 그 이후부터 손수건은 겨울에도 내 필수품이 되어 버렸다.

내게 있어 108배는 여간 힘든 게 아니다. 타고 날 때부터 워낙 몸이 약한데다가 먹는 것에 비해 덩치만 크지 원래 타고난 체력이 없기에 먹은 힘을 다 소진하고 나면 체력이 급격히 바닥으로 떨어진다. 그리곤 얼굴이 창백하게 변하면서 그 자리에 주저앉는다.

난 내가 그 전에 그렇게 체력이 약한 줄도, 마른 줄도 몰랐다. 자매들 이야기나 친구들 이야기를 듣노라면 중학생 때와 고등학생 때, 아침 운동장 조회 시간에 자주 쓰러졌다고 한다. 그 때는 왜 그리 조회가 길었는지 모르겠다. 한 여름도 아닌데 오전 9시, 10시의 햇볕이 어찌나 뜨거웠던지 머리에선 스팀 열기가 피어오르고, 얼굴에선 땀이 줄줄 흘러내렸다. 열을 받은 모래 운동장은 화기를 더해 우리들 몸을 달구기에 안성맞춤이었다. 한순간 어지럽다 싶으면 어느새 모래 바닥이나 흙바닥에 쓰러져 있는 나를 옆에 있는 친구들이 부축해 데려가거나 업어 가고 있었다. 그럴 때는 창피해하는 내 기분도 몰라주고, 내 옆 친구들도 그 자리를 함께 벗어날 수 있었기에 내가 쓰러지는 것을 좋아했던 모양이다. 운동장을 벗어나는 중에도 또 다시 실신을 거듭하고 나면, 내가 누워 있는 곳은 등나무가 즐비하게 늘어서 있는 시원한 벤치나 선생님들이 주무시는 숙직실이었다.

한 번은 이런 적도 있었다.

중학교 3학년 때 체육 시간이었다. 체육복 상하로 다 갈아입고 운동장으로 나가야 하는 것을 자전거로 통학하던 나는, 몇몇 친구들과 체육복 바지 대신 교복 바지를 그대로 입고 운동장으로 나갔다. 아마 우리를 무척 예뻐해 주신 총각 선생님이셨기에 믿고 더 그리 행동했던 듯하다. 그날도 그냥 넘어가는 줄로만 알았던 선생님의 표정에 갑자기 몽둥이를 가져 오라는 불호령이 떨어졌고, 상하 체육복을 모두 갈아입지 않고 나온 아이들은 모두 나오라는 명령도 떨어졌다. 일곱 명이나 여덟 명이였던 걸로 기억 된다. 한 반에 65명 중에 그 정도는 아무 것도 아니었다. 그 중에는 생리로 인하여 몸이 불편한 아이도 있었을 테고, 몸이 좋지 않아 체육복조차 갈아입기 힘들어하는 아이도 있었을 것이다.

지금 시대와는 달리 1970년대는 양호실도 없었고, 약도 풍부했던 시절이 아니었다. 아파도 참아야만 했고 시간이 가면 저절로 좋아지기를 기다리는 것이 그때의 삶이었다. 아니면 아프다고 하여 결석하면 되지만, 그 시대의 결석은 꿈조차 꾸질 못했다. 우리가족에게는 더더욱 생각이 그러했다. 상이 적었던 시절, '상'이라고는 그림 그리기 상을 제외하고, '개근상'이나 '정근상'이라도 부모님께 내놓고 싶은 마음이었을 것이다. 그래서 아파도 학교에 가야만 했고, 한 마디로 학교 빠지면 큰일 나는 일로 아셨던 우리네 부모님들 생각 때문이라고 해야 맞을 것이다.

아무튼, 체육복을 입지 않은 가냘픈 여자 중학생 아이들에게 몽둥이찜질은 시작되었다. 체육복을 입지 않은 것이 죄라고 생각한 우리는 아무 대꾸도 못하고 '엎드려 뻗쳐'를 한 상태에서 두꺼운 몽둥이로 엉덩이를 치켜세운 채 여러 차례를 맞아야 했다. 맞다가 쓰러져도 다시 일어나 갯수를 채워야 하는 것이 그때의 기억이었다.

결국 다 맞고 쓰러진 나는 그대로 주저앉은 체 일어나질 못했고, 시간이 지날수록 사지는 뒤틀리기 시작했다. 체육 시간이 끝나고 아이들에 업혀서 숙직실로 옮겨졌다. 다음 시간도, 그 다음 시간도 그대로 방치된 나는 사시나무 떨 듯 체온이 내려간 상태로 1학년인 여동생에게 알려졌다. 토요일인지라 담임선생님도 이 사실을 알지 못한 체 퇴근을 하셨고, 친구들도 하나 둘 학교를 떠나기 시작했다. 공중전화도 없었던 시절, 집에 알릴 수 있는 유일한 방법은 교무실에 있는 전화기뿐이었으나, 이미 교무실 문은 굳게 잠겨 있었고, 집에 알려 나를 데려갈 방법은 오직 학교 근처에 사시는 이모님 댁으로 직접 가서 전화하는 방법이었다.

주말이라 숙직실도 쫓겨나게 되면서 내가 있게 된 곳은 운동장

한 쪽에 마련된 작은 등나무 의자였다. 깡마른 내 체구에 비해 덩치 좋고 힘 좋아 달리기 선수였던 동생의 분주한 움직임으로 이모부가 오시고, 곧이어 택시를 대절해서 학교까지 타고 온 아버지 목소리가 나직하게 들렸다. 거의 의식이 잃어가고 있던 것으로 기억 된다. 고개도 못 가누고, 축쳐진 몸과 거친 숨소리로 변한 내 모습에 당황하신 아버지께서 나를 부르는 목소리가 들렸던 것 같다. 후문에 의하면 택시 기사 아저씨도 혹시나 하는 불길한 생각에 겁이 많이 났었다고 전했다.

"기영아, 기영아, 눈 떠 봐. 아버지 목소리 들리냐?"

내가 5살 때라고 한다.

백일해, 백일기침, 홍역, 경기 등 한꺼번에 여러 가지 병이 찾아와 앓아눕게 되자 주위에서나 병원에서는 나를 포기하라고 말했다 한다. 그럼에도 불구하고 친정아버지는 짐자전거 뒤에 콩나물 기르는 나무틀 속에 가다가 떨어질까 봐 나를 그 속에 넣고, 십 리 밤길을 쉬지 않고 달려 용한 침쟁이에게 갔다고 한다. 그 때도 '혹시 죽을까!' 하는 불안감에 여러 번 부르기를 반복하면서 달렸다고 한다.

"기영아, 기영아, 기영아, 기영아~"

대답이 없어 죽었나하는 생각에 가슴이 덜컥 내려앉아 가던 길을 멈추고 뒤돌아보면, 그제서야 힘겨운 듯 다 죽어가는 모기만한 목소리로

"예."

하고 대답했다고 한다.

아버지는 '아직 살아있구나!' 하는 안도감에 다시 힘을 내서 달리곤 하면서 고기도 못 사먹던 지지리도 가난하고 없던 시절, 오동통 살이 오른 개구리를 잡아다 뒷다리만 삶아서 뽀얀 국물에 쌀 보다 풀기 없는 보리밥이다시피 한 밥을 말아 무릎에 앉히고 아버지 당신보다 나를 먼저 먹이고 난 뒤, 당신이 수저를 드셨다고 한다.

그렇게 해서 살린 기막힌 딸을 또 어이없이 잃게 될까봐 두려우셨다고 하였다.

한 시가 급한 상황이었다. 이곳저곳 문 닫힌 병원을 돌아 당직 병원을 찾아 눕히기 까지 긴박했던 순간이 지나갔나보다. 코에 호흡기가 들어왔고, 미약하게 뛰는 맥박을 체크하며 엉덩이에 주사가 주입되고, 떨어진 체온을 올리기 위해 몸 위에 따뜻한 팩이 여러 개가 올려졌다. 미지근한 물을 수저로 떠서 몇 번 입에 떠 넣는 감각이 느껴졌다. 살려고 했는지 조금씩 물을 삼켰던 것 같다.

정신이 차차 되돌아오자, 손등에 링겔 바늘이 꽂아졌다. 그 때 처음 맞는 링거 주사로 기억된다. 시골에서 없이 자란 탓에 감기나 몸살을 앓아도 주로 약국에서 약을 사서 먹었지 병원은 수술이나 받는 사람이나 가는 곳이라고 믿었다.

그 때부터 맞던 링거 탓인 지, 사십 년이 돼가는 오늘 날까지 난 링거 맞기를 두려워하지 않는다.

내 생명이 아직 다하지 않았는지 차차 의식이 돌아오고, 조금 있으니 퇴근 하셨던 교감 선생님과, 나이 드신 연구부장 과학 선생님께서 병원에 다녀가셨다.

집으로 돌아와 저녁을 물린 밤 8시가 넘어섰던 시간인 걸로 기억된다. 주말이면 고향집으로 가신 체육 선생님께서 그 늦은 밤에 우리 집으로 찾아오신다는 소식이 전해졌다. 일어나서 동생들과 놀고 있던 나를 엄마는 빨리 누워 있으라고 재촉하셨다. 할 수 없이 난 다시 자리에 눕게 되었고, 체육선생님은 굳은 표정으로 신발을 벗고 마루를 지나 방안으로 들어오셨다. 그리고 아버지를 향해 절을 하며 무릎을 조아리고 용서를 비는 모습이 내 눈에 들어왔다. 그리고 선생님은 눈물을 머금은 체, 우리 집에서 나가시는 걸 보았다.

선생님께 미안한 마음이 들었다.

'내가 잘못해서 생긴 일인데 선생님이 아버지 앞에서 무릎을 꿇다니……'

하지만 난 환자였다. 다 나은 것 같았는데 어른들이 시킨 대로 아픈 척을 해야 했다. 선생님이 사 오신 10개 들이 음료수를 먹고 싹 낫는 듯했다.

그렇게 주말이 지나고 월요일에 학교에 도착하여 자전거를 거치대에 잠가두는데, 체육 선생님의 모습이 눈에 들어왔다. 함께 자전거 등하교를 하던 친한 친구 성희가 선생님께 크게 아침 인사를 건넸다. 난 차마 고개를 들어 선생님 얼굴을 쳐다볼 수가 없었다. 선생님께서 내 이름을 부르며

'괜찮냐?'

고 물어주시기만을 기다렸다. 하지만 선생님은 나에게 아무 말도 걸지 않고 돌아서셨다.

그날 집으로 귀가한 후 들은 말에 의하면, (그 당시에 우리 집은 아버지의 건강이 악화되어 더 이상 농사를 짓을 수가 없게 되어 시내로 이사와 하숙을 치게 되셨다) 당시 우리 집에서 오랫동안 하숙하고 계신 총각 아저씨가 있었는데, (우리는 당시 그 분을 '희태아저씨' 라고 불렀다. 그 아저씨의 직업은 없었으나, 막내 남동생이 귀엽고 인사 잘한다고 하여 6살이었던 남동생의 용돈으로 1만원씩 주시곤 했는데, 친절하고 인심 좋은 아저씨였다.) 아버지가 그 속상한 이야기를 그 날 아저씨께 말하게 되었고, 그 소리를 들은 아저씨는 즉시 부하들을 풀어 선생님을 잡아와서 오늘이 가기 전에 아버지 앞에 무릎 꿇게 만들라고 지시하셨다는 후문이 들려왔다.

자존심이 무척 강하셨던 선생님이셨는지, 그 이후로 나를 보고도 본체만체 하셨고, 숫기가 없었던 나도 선생님을 볼 때마다 먼저 '죄송하다'는 인사도 전하지 못한 체, 껄끄러운 매듭을 풀지 못하고 졸업을 하게 되었다.

늦은 퇴근길 전화기를 들어 가까이 사셔도 자주 찾아뵙지 못하는 부모님의 목소리라도 듣고 싶어 전화기에 손이 갔다.

내가 중학교 1학년 때, 위하수염으로 인하여 위 절개수술을 하시고 병원에 누워 계신 아버지의 수발을 들고자 병원에서 엄마가 오실 때까지 아버지 옆에서 책을 펴놓고 공부하던 생각이 났다. 어느 땐 엄마 대신 내가 옆에서 아버지 수발을 들며 다음날까지 그 곳서 등교 길에 오른 적도 있었다.

아버지께서 언제 생명의 끈을 놓을지 몰라 늘 걱정이셨던 엄마의 정성 덕분인지, 아버지는 눈이 안 보이는 것 외엔 큰 병 없이 작년에 팔순을 넘기셨다. 그런 아버지가 고맙고 고맙지만 딸들은 부모님의 유전자를 받아들였는지, 누구하나 입 밖으로 '고맙다', '사랑한다', '저희들 바르게 키워 주셔서 감사하다'는 말조차 제대로 표현하지 못하고 산다.

그런 자식들임에도 불구하고 친정 부모님은 불평 한마디 없이 자식들이 무탈하기만을 바라신다.

무릎 연골이 닳고 달아 협착증이 되어버린 어머니는 오늘도 다리를 질질 끌며 부처님 앞에 다가 앉는다. 그리고 자식들의 건강을 빈다. 그런 어머님의 지극 정성스런 기도로 남들에게 지기 싫어하고, 가치관이 뚜렷한 육남매는 오늘도 각자의 위치에서 최선을 다하며 흐트러짐 없는 삶에 오늘도 열정을 쏟아 붓고 있다.

'아버지, 어머니, 감사합니다.'

내가 가야만 하는 길

주위 사람들은 나를 보고 모두 건강하게 생겼다고 한다. 아니, 건강한 줄 안다. 항상 웃는 얼굴에 부드러운 말투와 먼저 다가서는 적극적인 행동과 긍정적인 사고 때문인지 아무 일 없이 밝게 살아온 사람으로 아는 것이다.

퇴근 후 오늘도 난 장마철 가운데 거세게 쏟아 붓는 빗속을, 부러진 우산살 속에 의지하며 문화센타를 향하여 바쁘게 걸어가고 있다. 바로 요가를 하기 위해서다. 비록 일주일에 두 번 가는 운동이지만 2년 넘게 꾸준히 해왔고, 집에서도 아침 잠자리에서 일어날 때마다 목 운동과 팔다리 운동을 가볍게 하면서 일어난다.

직장에서도 틈만 나면 허리 운동과 다리 운동, 몸통 운동을 생활화한다. 이렇게 하는 것만이 내가 좀 더 살 길이고 건강해지는 길이라는 걸 누구보다 내 자신이 잘 알고 있기 때문이다.

지금 나는 자율신경 이상으로 생긴 섬유근육통과 당뇨, 고혈압 그리고 만성 두통을 앓고 있다. 나에게 이런 병이 왜 왔는지, 언제부터 시작 되었는지 원인은 알 수 없지만 현시대 의학으로는 원인도 치료도 없는, 겉으로는 멀쩡해 보이지만 본인에게는 무엇보다 가장 중요한 삶의 의욕이 없는, 혼자 버티고 싸워야만 하는 외로운 병이라는 걸 알고 있다.

작년 가을, TV 방송 '생로병사의 비밀'에서 이 병을 앓고 있는 사람들에 대해서 방영한 적이 있었다. 떨리는 마음으로 침착하게 끝까지 보았는데, 절망보다는 다행이라는 희망을 가지게 되었다. 왜냐하면 그들은 교통 사고 후유증으로 또는 심한 스트레스를 받고 난 이후부터 혼자 생활하기도 힘들 정도로 몸 상태가 점점 심해져서 망가져 있었다. 정신도 피폐해져 있었고, 이 고통과의 싸움을 그만 둘 날만 기다리고 있었다. 아니, 언제 자신과의 싸움을 끝낼지 모르는 막연한 삶을 살고 있었다는 것이 맞는 것 같다.

그들은 갑자기 찾아오는 섬유근육통과의 전쟁이 시작되면 곧바로 병원으로 실려가야만 그 고통을 잠재울 수 있다고 한다.

한 신혼 부부는 아내가 섬유근육통을 앓고 있어 아예 결혼 생활을 할 수 없다고 했다. 서로 사귀다 사랑해서 결혼을 했다고 하는데,

아내가 직접 해주는 밥을 먹고 싶은 것이 꿈이라는 남편, 그 남편을 위해 아무것도 할 수 없는 아내, 밥은 모두 시켜 먹고 가정 살림은 남편이 도맡아서 하고, 아내는 혼자 움직일 수도 없어 화장실도 남편의 팔에 안겨 가야만 했다. 아이조차 가질 수 없는, 좀 더 나아지는 기미는 보이지 않고 점점 심해져 가는 아내의 모습에 눈물만 훔치는 새신랑의 모습이 내 눈물샘을 자극했다.

또 한 사례는 젊은 20대 후반에 들어선 미혼 남자의 이야기다.

홀어머니와 단둘이 사는 그는, 어느 날 교통사고를 당하고 나서 서서히 찾아든 섬유근육통으로 인해 고통 받고 있었다. 찬바람이라도 부는 날에는 몇 겹에 옷을 입고도 온 몸과 얼굴까지 꽁꽁 천으로 둘러 싸매고 있었다. 바람이 살갗에 와 닿으면 살이 아파 고통스럽다고 한다. 섬유근육통으로 인하여 직장 생활도 할 수 없어 그만 두고, 혼자 집에서 생활하다가 통증이 몰려오면 고통스러워 혼자 몸을 가누지도 못하고, 엄마가 입혀 주는 옷에 간신히 병원으로 가는 모습이 보여 안타까움을 자아냈다.

내가 이들과 마찬가지로 섬유근육통이란 병명을 알게 된 것은 불과 2~3년에 불과하다. 집안의 이런저런 우환으로 시작된 심한 스트레스를 이렇다 할 치료도 받지 못한 체, 10여 년을 훌쩍 넘기다가 점점 심해져 가는 잦은 두통과 어지럼증으로 인하여 응급실을 제 집 드나들 듯 2년 동안 반복해서 찾게 되었다.

그동안은 동네 내과에서 자율신경 이상으로 생긴 몸의 조절 능력이 떨어지면서 오는 증상으로 치료를 받고 있었다. 남편의 오랜 실직 생활로 집안 살림과 아이들 교육, 경제까지 책임져야 하는 입장이었기에, 직장을 다니면서 한 끼도 빠뜨리지 않고 꾸준히 약을 먹으면서 걷기 운동도 하게 되었다. 그런데 좋아졌다고 생각하면 갑자기 찾아든 두통으로 인하여 줄어들었던 약은 다시 10알, 20알로 늘어나기를 반복했다. 몸 전체에서 일어나는 여러 증상들로 인하여 어지럼증은 물론이고, 인지능력까지 파고 들어가 운전도, 걷는 운동조차도 혼자 하지 못하게 만들었다. 머리는 하루가 멀다 하고 아파왔고, 아픔의 강도도 점점 심해졌다. 스트레스를 받거나 잠을 설치거나 기온이 갑자기 변하면 언젠가부터 머리가 아파오면서 금방 해산한 임산부처럼 전신이 퉁퉁 부어오른다. 그리고 땀이 온 몸을 흥건히 적시고 오한과 구토를 동반한다. 응급실을 안가고도 두통이 사라지는 날은 정말 행운이었다. 참다가 일반 진통제로는 두통을 잠재울 수 없었기에 병원에서 처방한 마약 성분이 든 약을 한 알, 두 알 먹다가 심해지면 그것도 듣지 않아 응급실을 찾아야만 했다. 갖가지 검사를 한 후, 마약 환자에게 투여하는 주사를 맞으면 금방 시꺼멓게 변하여 얼굴이 괴물에 가깝게 일그러진 형상을 갖다가도 두통은 서서히 가라앉아 언제 아팠느냐는 식으로 멀쩡해지고 혼자 걸어 화장실을 다녀온다. 그리고 다시 원래의 생활로 돌아오기를 되풀이하며 5년이란 시간이 흘렀다. 그렇게 내 삶도 힘들게 이어져가고 있었다.

일주일에 한 번, 어느 땐 두 번 찾아가던 응급실에서 뇌 촬영을 반복해도 나오지 않아 병명에 관한 의구심을 갖던 의사의 꾸준한 권유로 내진을 하게 되면서 새롭게 알게 된 것이 바로 섬유근육통이었다. 엉뚱한 치료만 받다가 심해져 치료 시기를 놓친 것이 안타까워 의사를 원망하며 억울해하는 남편은 다친 마음의 상처를 치유하기도 전에 또 다시 사람을 믿은 것에 힘들어 했다.

그렇게 힘들게 알게 된 섬유근육통의 치료와 함께 운동도 서서히 시작되었다. 하지만 나에겐 체력 소모를 많이 하는 수영도, 다리를 튼튼하게 해주는 자전거도 탈 힘이 없었다. 좀 심하다 싶으면 어김없이 찾아오는 몸살과 감기 때문에 몸에 무리가 없는 운동을 택해야만 했기 때문이다. 마침 같은 나이에 접한 약사가 오랜 기간 나의 이런 모습을 지켜보다가 안타까워 요가를 권유했다.

'나도 머리가 항상 아파 별 걸 다 해 봤는데 1년 전에 요가하고 부터 두통이 없어졌다'는 것이다. 나는 지푸라기라도 잡고 싶은 심정으로 다음 날 등록하고 요가를 다니기 시작했다. 걷기 운동만으로 부족하다는 걸 알았기 때문이다.

3일 째부터, 아니면 일주일째 부터 몸살이 심하게 올 거라는 예상과는 달리 6개월 아니 일 년은, 몸살은 커녕 감기도 그냥 지나갔다. 요가를 한 날은 몸이 가벼워졌고, 발걸음도 가벼웠다. 밤마다 다리에 쥐가 나서 너무 아픈 나머지 숨도 제대로 쉬지 못했던 다리는 쥐가 나지 않았고, 굳어져 돌아가지 않던 팔도 서서히 좋아졌고, 각종 진통제와 파스 없이는 오르기도 힘들어 남편의 등에 업혀 가던 우리집 4층 계단은 가족에게 의지하지 않아도 혼자 힘으로 오르게 되었다. 그렇게 몸이 좋아지는 만큼, 약 알도 점점 줄어져만 갔다.

한 달에 한 번씩 종합병원에 가서 내 몸의 상태를 체크해 갔다. 완쾌는 보장하기 힘들지만 좋아져가는 내 몸을 지켜보는 의사의 마음도 덩달아 신나 있었다. 그러다가 어느 날 응급실로 실려오는 날이면 또 다시 반복되는 신경정신과 약과 두통을 가라앉히는 주사를 투여하고 약도 다시 늘어났다. 한 번은 점점 좋아지다가 며칠째 두통이 멈추지 않아 위험하다며 곧바로 병원에 입원하라는 의사의 권유로 교실에 아이들을 그대로 둔 채, 입원하여 일주일 동안 경과를 지켜 본 적도 있었다. 약을 바꾸는 과정에서 부작용으로 인한 두통으로 밝혀졌지만 약을 받아들이지 못하고 생기는 부작용은 1년에 서너 차례나 겪어야 하는 때도 있었다.

또 한 번은 오른쪽 옆구리로만 배가 부풀어 올랐다. 저녁이 되면 더 심해져 불러오는 배는 임신 7~8개월에 해당될 정도로 심해져 갔고, 불어나는 배로 인하여 요통도 생기고 앉아서 방 닦기도 힘들기에 이르렀다. 이 병원 저 병원 찾아다니며 원인을 알아보려 했으나 가는 곳마다 병명이 다 달라서 결국은 서울에 있는 병원으로 가기에 이르렀다. 제발 큰 병이 아니기만을 기도하면서 외견상으로나 CT상으로 봐도 한 쪽 배가 튀어 나온 걸 알면서도 의사는 이런 환자는 처음이라며 솔직히 모르겠다고 하였다. 그리고 한 달 후 더 커지면 다시 오라고 했다.

남편과 나는 병명도 모르고 검사만 하다 한 달을 훌쩍 넘겨버린 시간을 안타까워 하면서도 배를 갈라보자는 어느 대학병원 의사의 말을 듣지 않길 잘했다고 서로 위로했다.

그러다 다시 한 달이 지나 약을 타러 신경과 병원을 찾았을 때, 담당 의사께 그동안의 검사 과정과 사건들을 말하였더니, 혹시 당뇨약을 다른 제약 회사로 바꿨는데, 그래서 그런 것 아니냐는 의구심을 갖게 되었다. 그리고 그 약을 빼고 먹으니 언제 그랬느냐는 식으로 저녁이면 심해져 풍선처럼 부풀어 올라 터질 것만 같던 배는 하루 아침에 사라지고 말았다. 물론 약의 부작용으로 생긴 배의 곡선은 운동해도 곧바로 사라지지 않고 몇 달이 지난 다음에야 원래대로 돌아왔지만 말이다.

약의 부작용은 거기서 그치지 않았다. 응급실에서 가져온 약을 먹은 다음, 갑자기 헛구역질이 나오고 가슴이 답답해져 오며 숨을 쉴 수가 없어 가슴 통증을 하소연 하다가 다시 응급실을 간 적도 있었다. 응급실에서 가져온 약도 내 몸은 받아들이지 못했던 것이다.

그러기를 2년이 지나고 3년이 다가오던 해부터 내 몸이 급격히 좋아지기 시작했다. 목 감기와 몸살 감기를 달고 살던 내 몸은 그리 혹독했던 유행 독감도, 때가 되면 으레 찾아 왔던 몸살도 없었다. 기후 변화로 밤낮 기온 차가 심해져 몸을 제대로 조절하지 못해 머리가 아파 몇 번씩 응급실을 찾는 일도 없었다.

그동안 5년 넘게 쉬지 않고 꾸준히 운동해 온 걷기와 요가 때문이라고 생각했다. 높은 산을 올라갈 때 발걸음이 느리긴 하여도 내려올 때는 지치는 모습을 보이는 우리 가족보다 더 팔팔하게 살아서 내려온다. 다리에 알이 배어 걷지도 못하는 딸들을 보며 난 웃는다. 그동안 해 온 운동이 내 다리 힘도 길러주고, 배 힘도 생기게 만들었기 때문이다.

열흘 후면 약을 타러 병원에 가야 한다. 벌써 9년째 먹고 있는 약을 하루 아침에 끊을 수 없다는 것은 알고 있지만 내 몸의 상태가 점점 좋아지고 있다는 것을 느낀다.

이번에도 웃으면서 의사 선생님을 보고 올 수 있을 것 같다.

의사 선생님은 말씀 하신다.

"오기영씨, 운동을 정말 열심히 하셨나 봐요? 많이 좋아졌어요."

"아뇨. 선생님, 여느 때와 똑같이 했는데요."

"약을 줄여 드리죠. 대신 운동을 열심히 하셔야 합니다."

"예, 감사합니다."

난 여느 때와 마찬가지로 웃으면서 남편 팔장을 끼고 한 걸음 앞서서 남편 얼굴을 쳐다보며 말할 것이다.

"자기야, 나 약 줄여 줬어. 좋아졌데. 그런데 당뇨 수치가 조금 높아져서 약을 올린다는 거 내가 다음 달에 하자고 또 미뤘어. 당뇨 수치가 높아졌어도 내 몸이 점점 좋아지고 있다는 것을 몸으로 느끼고 있으니까!"

그리고 난 어린 아이처럼 맑게 웃으며 다음에 또 좋은 소식을 듣게 되리라는 생각을 품에 안고 내가 가르치고 있는 아이들을 향해 밝게 웃을 것이다.

나 혼자 평생 외롭게 이 길을 가야 하는 것이 내 주어진 삶일지라도…….

* 2013년 6월 30일

가을 운동회

가을이면 각 학교마다 어김없이 찾아오는 가을 운동회가 있다.

난 결혼 10년 만에 처음, 사흘 앞으로 다가온 딸 아이 운동회가 마음 설레게 기다려진다.

어릴 적 시골 농촌 마을에서 어렵게 자란 나는, 먹을 것, 입을 것 제대로 누리지는 못했지만, 그때를 생각하면 가슴이 훈훈해지고 고향이 사뭇 그리워진다.

농촌 일로 바쁜 나날을 보내시는 부모님들은 어린 자식들에게 끼니도 제때 챙겨주지도 못하고, 제대로 보살피지도 못하셨지만, 운동회가 돌아오면 하던 일을 멈추시고 잠시 우리와 함께 즐거운 하루를 보내셨다.

운동장에 들어서노라면, 하늘엔 오색 풍선이 나풀거리고 여기저기서 솜사탕 냄새가 내 코끝을 간지럽혔다.

조금은 안 어울리지만 짧은 단발머리에 어색한 운동복 차림과 다 떨어진 고무신조차 그때 만큼은 부끄럼을 잠시 잊을 수 있었다.

깡마른 내가 어른들에 둘러싸여 사람들 틈 사이를 이리저리 비집고 들어가면 아빠 · 엄만 보이지 않고, 나 혼자 엄마 찾아 친구 찾아 운동장 구석구석 헤맸던 일들, 그때는 왜 그리 운동장이 넓기만 하였던지 모른다.

점심 때면 비록 배불리 먹을 것은 없었지만, 정성껏 싸오신 보리밥 섞인 3단 찬합 도시락이 왜 그리 맛있기만 하였는지…….

제대로 된 과일 한 번 못 먹어본 시절, 그때 만큼은 예쁘고 탐스런 과일이 우리들 손에 쥐어졌을 때, 서로 큰 것을 차지하려고 눈싸움, 몸싸움 벌이던 일들이 지금 생각하면 입가에 쓴 미소를 짓게 한다.

그날이 오면 옹기종기 모여 살던 친척들도 잠시 시름을 덜고자 함께 웃고 즐기며 귀했던 음식도 나누어 먹었는데, 지금 초등학교 운동회는 부모님이 직업을 가져 바쁘다는 이유로 부모 한 쪽만 참석하던가, 맞벌이한다고 아이 손에 돈만 쥐어주고, 점심때가 되면 아이 혼자 또는 친구끼리 음식점으로 달려간다.

운동장 한 곳에선 피자에, 치킨에, 중국집에서 배달 나온 사람이 음식 시킨 사람 찾는 진풍경이 벌어지고, 동네 사람들 모두 둘러앉아 서로 먹어보라고 권하는 풍경은 없어지고, 누가 자기 영역 침범할까봐 그들끼리만 먹는 것이 당연한 것처럼 여겨지는 현실에 자라나는 아이들의 성격이 배려심 없고 이기적인 것은 당연한 결과가 아닐 수 없다.

내 아이를 사랑하는 부모님들이여! 좀 더 한 발 나아가 이 나라를 이끌어 갈 꿈 많은 아이를 키우는 부모로서, 내 아이에게 양보의 미덕과 어려운 이웃을 돌 볼 줄 아는 배려심 많은 아이로 키우는 것은 어떨까!

삶의 깨달음

꼬박 하루를 꼼짝없이 앓아누워야 했다. 할 일이 많은 내게 하루 동안 누워 있기란 아까운 시간이었다. 그래서인지, 아니면 다른 이유 때문인지, 다음날 새벽 동이 터오기가 무섭게 가뿐한 몸으로 잠자리에서 일어났다. 그리고 아침 국거리를 준비한 다음, 글을 쓰기 시작했다.

지난 주부터 앓아오던 편도염의 주범은 아이들을 데리고 주말마다 이어지는 각종 백일장 대회에 참석한 것이 한 원인이기도 하였다. 그러더니 급기야는 새 주가 시작되는 월요일부터 알 수 없는 각종 억눌림이 나를 괴롭히기 시작했다. 머리 한 쪽이 아파오는가 싶더니 어깨가 무겁게 내려앉고, 무릎 관절이 떨리는가 싶더니 수저를 드는 손마저 떨려오기 시작했다.

며칠째 이어지는 주사 바늘과 약물 복용은 점점 더 심해져 갈 뿐, 목소리조차 나오지 않았다. 아이들 글쓰기 · 논술을 가르치는 직업을 가진 내게 맑고 큰 목소리는 생명과도 같았고, 아이들과의 수업 약속 시간을 한 번도 어긴 적이 없는 내게 이번 주 수업은 무리였다.

그동안 아프다가도 수업이 있는 날 아침이 되면, 언제 아팠냐 싶게 멀쩡히 일어나는 것을 보면 내 자신도 믿기지 않았었다. 하지만 이 번 만은 달랐다. 수업이 있는 날 병원을 다녀와도, 억지로 음식을 먹어 봐도, 목이 부드러워지도록 뜨거운 물을 연거푸 마셔 봐도 다물어진 입은 좀처럼 열리지가 않았다.

늦은 오후, 수업이 있기 한 시간 전까지 쏟아지는 잠에 누워 있어야만 했다.

'전화해서 수업 시간을 미뤄 볼까!' 하는 마음이 한 쪽에 자리 잡은 지 오래였고, '아니야 쓰러져도 내 일에 최선을 다해야 돼!' 하는 양갈래 길의 마음 싸움은 나를 일으켜 세우고 있었다. 남편은 힘이 없는 나를 대신해 운전을 하면서 뒷좌석에 앉아 멀뚱히 바라보며 숨쉬기조차 힘들어하는 가운데도 수업하겠다고 나서는 부인의 모습이 안타까운 듯 바라보았다.

아파트 현관문을 열고 들어가 아이들이 보이자, 나도 모르게 굳어졌던 얼굴에 약간의 미소가 돌았다. 하지만 여느 때와는 달리 아이들의 얼굴에는 어두운 그림자가 드리워져 있었다.

사연인 즉, 평소 근육 위축증으로 불치병을 가진 같은 학교 친구가 6학년 때까지 같이 다녔는데, 어제 갑자기 폐렴으로 죽었다는 것이다. 부모는 그 자식 하나만을 바라보며 하루도 빠짐없이 아이를 학교에 데려다주고 데려오고 했다는데, 13년 동안 들인 정성이 하루 아침에 물거품이 되어 버린 안타까운 사연 뒤에, 전 날 친구가 꿈속에 나타나 '잘 있어!' 라며 다시는 자기를 볼 수 없을 거라고 하면서 꿈속에 나타났다는 것이다. 이제 사춘기를 접할 나이로 들어선 그 아이들에게 가까이 있었던 친구가 갑자기 죽었다는 것은 너무나 큰 충격임에 틀림없다.

'6학년 이라도 마치고 가지!' 라는 티 없는 아이들 말에 그 아이들의 맘이 내게 그대로 전해지고 있었다.

난 나보다 더 처진 모습으로 앉아 힘 없는 목소리로 대답하는 아이들을 바라보고, 배에 힘을 주어 목소리를 높이기 시작했다. 막혔던 목소리가 어디서 뚫렸는지 그 아이들 보다 더 생기가 되살아나고 있었다.

'마음 먹기 나름' 이라고 하였던가!

어디서 그런 목소리가 나왔는지 모른다.

13년 전 결혼을 일주일 앞두고 신혼 살림을 미리 차린 나와 남편은 계속 되는 결혼 준비에 몸이 파김치가 되어 결국은 둘 다 죽도록 앓아누웠던 적이 있었다. 남편은 갑자기 찾아든 사랑니의 통증으로 얼굴까지 퉁퉁 부어 음식도 못 먹고, 말도 하지 못하고 고통스러워 했으며, 나는 감기 몸살에 편도까지 부어 나조차 목소리가 조금도 나오지 않았었다. 결혼식 전날 밤까지 계속된 통증은 물 한 모금조차 넘기기가 힘들었고, 링겔 주사액에 몸을 의지하여, 혼자 가누기조차 어려운 몸으로 결혼식을 무사히 마칠 수 있을까! 하는 걱정은 다물어진 서로의 입을 바라보며 눈으로, 마음으로 의사소통을 전하고 있었다.

결혼식만 마치고, 처음 타 본다는 비행기에 대한 가슴 설레임도 뒤로하고 예약된 제주도 신혼여행을 미루기로 하였다. 그러나 결혼식 날 아침이 되자, 꾀병을 부린 것처럼 남편도, 나도 자리를 털고 일어났다. 정신력이었는지 신의 도움이었는지는 알 수 없었지만, 우리는 신혼여행까지 무사히 다녀올 수 있었다.

그 정신력의 싸움은 오늘도 마찬가지였다.

수업을 마치고 나오는 내 발걸음은 여느 때와 다름이 없었다. 수업을 들어가기 전 다음 수업은 미루기로 한 마음과는 달리, 내 발걸음은 다음 수업을 향해 걸어가고 있었다. 그리고 다음 수업도 무사히 마치고 나온 나는 힘은 좀 들었지만 목소리는 다시 활기를 되찾은 듯 했다.

역시 사람은 위급할 때 쓰는 초능력의 힘을 조금은 가지고 있는 것은 아닌가 싶었다. 그리고 내게 글 쓰는 능력을 갖게 해준 것에 감사했고, 아이들에게 글쓰기를 가르치는 일을 가진 것에 감사했다.

올해부터 더 많아진 각종 백일장 대회에 아이들을 데리고 나가면서, 혹은 쫓아다니면서 벌써 3달째 주말에 제대로 쉬지 못하고 강행군을 하지만, 그 곳에서 보람을 얻고 기뻐하는 모습을 찾으면서 우리가족의 봄나들이는 올 해 이것으로 충분했다.

'기쁨은 내 맘 속에 있고, 그 기쁨은 내가 스스로 만들어간다.' 는 깨달음을 알게 하였다.

바다에서 찾은 보석

글쓰기 수업 때 사용할 가족 사진을 찾다가 작년에 친정 동생네 식구들과 서해에 위치한 독산 해수욕장에서 조개를 캐는 장면을 찍은 사진을 발견하였다.

순간 가슴이 설레며 내 마음은 이미 그 곳을 향해 가고 있었다.

내가 핸드폰을 손 안에 쥐고 열심히 이집 저집 메시지를 보낸 결과, 이틀 후, 일요일 아침에 계룡 휴게소에서 우리 친정 식구 6남매의 차를 발견할 수 있었다.

해마다 한 두 번쯤은 그 곳에 다녀온 우리 차가 앞장을 서고, 우리 뒤로 네 대의 차가 잘 따라 오는지 확인을 하면서 3시간을 달려 점심 무렵 그 곳에 당도할 수 있었다.

물때를 미리 알고 갔기에 우리가 도착한 시간에 물은 이미 많이 빠져 있었다.

열아홉 명의 가족이 점심 먹을 식당을 찾아 이곳저곳 돌아다니다가 간단하게 비빔밥과 칼국수로 배를 채운 뒤, 서둘러 옷을 갈아입고 바다로 향해 들어갔다.

바닥이 뻘이 아닌, 모래와 뻘이 반반씩 뒤섞인 바다였기에 발이 푹푹 빠지지는 않았다.

챙겨온 장갑을 끼고 갈고리와 삽을 이용해 물이 빠져 나간 뻘 바닥을 파헤치고 삽으로 퍼내기를 30여분, 조개는 보이지 않고 힘은 점점 빠져 나가 이번에도 허탕칠 모양인가 실망하던 참에 땀을 식히려 바닷속으로 들어간 남편이 무릎까지 찰 정도에 이르러 나에게 손짓하고 있었다.

난 아무 생각 없이 남편이 있는 물속으로 들어가 남편에게 다가갔다. 남편은 그 곳을 가리키며 바닥을 파보라고 했다.

난 고개를 숙이고 보이지 않는 물속을 갈고리로 이곳저곳 파보았다. 몇 번을 파헤치니, 호미 끝에 뭔가 와닿는 듯한 느낌이 감지되었다. 한 손으로 땅 속 깊이 손을 넣어 뻘을 파헤치니 손 안에 무언가가 들어왔다. 물위로 들어 올리는 순간 그것은 그리도 기다리던 새조개였다. 크기도 4~5센티 정도 되는 큰 조개였다.

순간 나는, 나도 모르게 덩실덩실 자연스럽게 춤을 추고 있었다.

노다지를 캐는 기분이었다. 자주 발견되는 조개가 아니었기에, 몇 년을 찾아와도 보이지 않던 조개였기에, 그 기쁨은 두 배 아니 몇 배로 맛볼 수 있었던 것이다.

난 동생들을 물 속으로 불러 들였다. 서른 중반을 넘어선 남동생이 들어오고, 조카들이 줄줄이 들어왔다. 며칠 동안 시험에 시달린 고등학생인 큰 딸과 초등학생인 둘째 딸도 내 곁에서 함께 조개 캐기에 여념이 없었다.

조개 캐기에 정신이 없을 때, 누군가가 이름을 부르며 다가오고 있었다. 돌아보니, 10여년을 친하게 지내는 언니, 아니 우리 가족이 상처를 입고 힘들어 하던 때, 이곳에 처음 데리고 와서 이 곳 물속에 우리 가족의 상처를 잠시나마 씻게 해주었던, 그리고 '조개잡이'라는 재미를 몸소 느끼게 해주었던 이웃 사촌 해순 언니였다. 그분들도 가족과 함께 와서 시름을 달래고 있었다.

30여 분을 물속에서 조개를 찾아 돌아다니니, 친정 엄마가 물이 들어온다며 나오라고 재촉하며 우리를 불렀다. 우리는 조금만 더, 조금만 더, 하며 더 열심히 찾아 다녔다. 늦게 이곳에 도착한 셋째 여동생 내외는 아쉬운 듯 쉽게 물속에서 나오려 하지 않았다. 다음에 다시 오자며 동생들과 조카들을 데리고 물속에서 밖으로 나왔다.

아이들을 위하여 물놀이를 시키기 위해 우리는 잠시 무창포 해수욕장으로 장소를 옮기었다. 그늘진 나무 밑에 자리를 펴고 앉으니,

바람도 우리 곁에 머물러 주었다. 가져간 과일을 먹으며 그렇게 우리는 시간 가는 줄 모르고 쌓였던 이야기 보따리를 풀어 놓았다.

저녁 7시가 되어 우리는 빗줄기를 헤치며 도착지를 향하여 달렸다. 밤 10시가 다 되어가는 저녁, 식당에 들러 저녁을 먹고 여름 휴가 때 함께 갈 것을 약속하고 각자 집으로 돌아왔다.

다음날 피곤에 지쳐 하루 일과를 시작할 줄 알았던 내 몸은 아니었다. 조금만 몸이 힘들어도 서서히 머리가 아파오다가 시간이 갈수록 두통의 깊이는 심해져 약으로도 잘 듣지 않았던 내 몸이 오히려 가볍게 느껴졌다. 그동안 방과 후 돌봄 교실 아이들과 씨름하며 쌓였던 스트레스가 모두 씻겨간 모양이다.

눈앞에 아련히 내비치는 바다, 그 무언가를 찾아 물속을 파헤치는 기대감, 손 끝에 와 닿는 쾌감, 올 여름은 그 어느 해 보다도 짜릿한 여름이 될 것 같다.

* 2010년 7월 8일

가슴에 소나기를 담다

지천명을 1년 앞 둔 올 해 6월, 예고 없이 찾아든 나를 괴롭히는 정신적 불행이 시작되었다.

부모님들과 학교에 계신 높은 분들을 모시고 방과후 공개 수업을 진행하던 날, 열댓 명이 되는 학생 부모님들과 선생님들이 내 발표 수업을 지켜보고 있었다. 그 중에는 남동생을 대신하여 친정 엄마도 손주 수업을 듣기 위해 참석하셨고, 내가 평소 존경하고 따랐던 우리 학교 교장 선생님, 교감 선생님, 담당 선생님, 학년 선생님들도 함께 자리를 했다.

난 떨리는 증상을 간신히 잠재우며, 무사히 공개수업을 마무리

했고 결과지에 좋은 평도 받을 수 있어 내심 흐뭇했다고나 할까!

그런데 다음 날, 오후 간식 시간이 끝나갈 무렵, 한 아이의 어머니가 교실로 찾아왔다. 어제 공개 수업에 잠시 왔다 간 30대 중반의 학부모였는데, 어제 할 말이 있어서 하려다가 그냥 가고 오늘 작심하고 찾아왔다는 것이다. 난 그 엄마의 말에 의아해 하면서 학부모니까 예의를 갖춰 대접했다. 아이들이 먹는 간식도 주고 차도 대접했다. 그리고 딸이 이곳에서 하는 공부와 어떻게 생활하는지에 대해 설명해 주었다. 하지만 엄마는 간식 시간이 끝나고 다음 수업을 진행해야 함에도 불구하고 자꾸 말을 걸어 딸에 대해 이것저것 묻기 시작하였다. 난 학부모가 궁금해 하는 것들을 설명해 주려고 애를 썼고, 1시간이 지난 와중에 학부모의 목소리는 무엇이 못마땅했는지 점점 올라가고 있었다. 그러던 중 무언가 꼬투리를 잡았다는 듯이 아이 엄마는 기세등등해서 나를 향해 삿대질까지 하면서 날뛰기 시작 하였고, 이 광경에 아이들까지 놀래서 주변으로 모여들기 시작했다.

"어머니, 처음엔 오수가 적응하지 못하고 불안정 했는데, 지금은 많이 좋아졌어요. 너무너무 활동 잘하고 있으니 걱정 안 하셔도 돼요."

"어머니, 지금 어머님이 하시는 이야기 애들이 다 듣고 있잖아요. 수업도 해야 하니까 제가 퇴근하다가 댁에 들를게요. 그 때 자세한 얘기 나누시죠."

막무가내로 대들며 제 말만 하는 기가 센 젊은 학부모에게 내가 할 말은 있는 그대로 설명해주고 달래줄 뿐 화도 낼 수 없는 상황이었다.

'우리 집을 어찌 그리 잘 아느냐?'

'혹시 스토커 아니냐?'

'왜 공개 수업 시간에 학부모들 앞에서 남자 아이를 쥐 잡듯이 했느냐?' 등 대답하기도 어이없는 질문들이 쏟아져 나왔다.

난 선생님 말소리 따라 흉내내는 아이를 눈으로 끔뻑거리며 두서너 번 조용히 하라고 했을 뿐이었다.

'왜 전화는 부모가 전화 하는데 그때그때 바꿔주지 않느냐?'

'물총 놀이를 하고 젖은 옷을 입은 아이를 왜 그냥 집으로 돌려보냈느냐?'

'물총놀이 하면 사전에 미리 계획하지 않고 하느냐?'

는 등 말도 되지 않는 소리를 막무가내로 퍼부어 댔다. 천천히 알아듣게 대답을 했건만 내 말에는 듣는 둥 마는 둥, 자기 화내는 대회라도 나온 양 착각해서 30여 분 동안 소리소리 질러댔다.

난 그런 엄마를 상대로 더 이상 대꾸할 가치도 없다고 판단하고 나가지 않으려고 버티는 아이 엄마의 등을 밀어 돌아가라고 뒷문 쪽으로 밀었다. 전화기를 들어 경비 아저씨께 도움을 요청하려 했지만 선생님들 퇴근 무렵이기에 아저씨는 구역을 돌고 있었나 보다.

난 아이 엄마에게 교실에 CCTV가 있어서 어머니 이러는 거 다 찍힌다고 하였더니, 지금 5학년인 큰 딸아이가 다녔고 둘째도 다니기에 이곳에 CCTV는 없는 걸로 알고 있었는지, 그 이야기가 나오자마자 마침 잘 걸려들었다는 듯이 그럼 직접 확인하자며 왜 CCTV가 없는데 있다고 거짓말 하냐며 경찰서에 가자고 했다. 가서 거짓말 탐지기를 해야 한다는 것이다. 순간 참았던 화가 쳐 올랐다. 그녀를 교실 밖으로 나가게 한 후 돌아서는 순간, 아이들이 지켜보는 앞에서 컴퓨터가 있는 책상에 고꾸라져 부딪치고 말았다. 뒤돌아서는 나를 밀어 붙였던 것이다. 그녀는 나자빠진 나를 보고 그대로 가버렸다.

책상에 한 쪽 팔로 의지하고 일어나 몸을 추스르고 세수를 한 다음 자리에 앉아 팔뚝 안쪽에 긁힌 상처에 약을 바르니 눈물이 앞을 가렸다. 내가 무엇을 잘못 했기에 말같지 않은 일로 학부모에게 수모를 그대로 당해내야 하는지 알지 못한 채, 남은 7명의 아이들을 진정 시키고 1학년 선생님께 보냈다.

가슴속 깊이 참았던 울분이 터져 나오자 주체할 수 없는 눈물과 콧물로 뒤범벅이 되어 두 시간을 억울함 속에서 헤어 나오지 못했다. 어이 없이 당했다는 생각뿐이었다. 말로만 듣던 여선생을 상대로 한 무자비한 학부모의 폭력을 힘없는 방과 후 돌봄 선생님이 당하고 만 것이다.

이대로 화를 삭이기는 너무 지나친 처사였다. 반평생 살면서 처음 당하는 일이었다.

이미 손과 발은 차디차져서 저려오기 시작했고, 몸도 제대로 지탱하기 힘들었다.

뒷정리를 부탁하기 위해 큰 딸에게 전화를 걸었다. 그리고 빨리 병원으로 가서 몸이 더 힘들어지기 전에 안정제를 맞으려고 낚시터에 간 남편에게 빨리 오라고 전했다. 현재 난 당뇨 약을 2년째 복용중이고, 섬유근육통을 앓고 있기에 스트레스는 곧 내게 사형 선고와도 같았다.

한 30여 분이 지나 딸이 오고 남편이 학교에 도착했다는 전화가 오자마자 교무실에서 오늘 야간을 담당하시는 선생님이 오셔 나를 찾았다.

어느 학부모가 찾아와 한 시간째 남편까지 대동하고 와서 교무실에서 나이 지긋하신 교감 선생님 앞에서 교탁을 탕탕 내리치며 죄인이나 되듯이 나를 내 놓으라고 소리소리 질러댄다는 말이 전해졌다.

이미 창백해질 대로 창백해져 몸도 가누지 못하는 내 모습을 보고 눈치 챈 선생님은, 지금 가서는 안 되겠다며 그냥 여기 있으라고 오히려 가겠다는 나를 말렸다. 우리가 어떡해서든지 달래서 돌려보내겠다는 것이다. 하지만 내가 피해서 될 일이 아니라는 걸 알기에, 조금의 잘못도 없이 무조건 당했다는 생각으로 억울했기에 만나야 한다고 생각했다.

딸이 부축해주는 계단을 조심스럽게 내려가 잠깐 화장실에 들렀다. 그러는 사이 아이 아빠가 나를 직접 끌고 오겠다며 계단으로 바쁘게 올라가는 소리가 들렸다. 여기서 쓰러지면 그들에게 어이없게 또 당한다는 생각에 진정제를 먹고 마음을 단단히 추스르고 교무실로 갔다.

야간 당직 선생님과 숙직 아저씨, 그리고 퇴근 하셨다가 급히 다시 학교로 돌아오신 교감 선생님과 교무주임 선생님, 그리고 내 앞에 그 학부모가 있었다.

내가 교무실로 들어오자, 앉자 있던 아이 엄마는 벌레 보듯 쏘아보는 눈으로 오히려 나를 손가락으로 가리키며 보기만 해도 무섭다고 말하면서 몸서리를 쳤다. 이중 얼굴을 가지고 있다고…….

우리 교실에 갔다가 불 꺼진 교실과 잠긴 문을 보고 온 아빠는 복도에서 부터 큰소리 쳐댔다.

'내 이럴 줄 알았다. 무서워서 도망갔다.'고 떠들며 들어오던 아이 아빠와 마주 앉았다. 난 잠자코 있으면서 그들 부부가 하고 싶은 말이 무엇인지 먼저 들어보기로 했다.

남편과 부인은 내 앞 의자에 앉더니 일어서서 나를 향해 눈을 부릅뜨고, 삿대질을 해가며 말로 위협하기 시작했다.

"이 여자 스토커야. 우리 집도 어디인지 다 알고, 우리 집에 대해서 다 알고 있더라니까."

"이보세요. 어머니, 정말 왜 그러세요. 집을 안다고 다 스토커입니까? 같은 동네에 살고 내가 그쪽으로 지나다니니까 알죠. 우리 집

바로 윗길이잖아요. 퇴근길에 애가 들어가는 걸 보았고, 제가 이곳에 산 지 10년이 되니 자연히 알게 된 거죠."

내 말은 들으려고도 않고 아내가 지껄여대는 소리에 남편은 같이 경찰서로 가자고 나를 위협했다. 그리고 교육청에 전화 하겠다는 것이다. 난 그러라고 했다. 나도 명예훼손에, 거짓 공갈 협박을 당했고, 상해까지 입었다고 하며 팔 안쪽에 난 상처를 보여 주었다. 그 여자는 빈정거리는 말투로 내가 혼자 자작극을 벌여 일부러 자기가 자신의 팔에 상처를 냈다고 거짓말을 아무렇지 않은 듯 했다.

난 그 남편에게 어떻게 상대방의 말은 하나도 들어 보지 않고 부인의 말만 일방적으로 믿고 이렇게 대하느냐고 되물었다. 남편도 역시 안하무인(眼下無人) 이었다. 아무렇지도 않게 말을 만들어 가는 그들 부부를 향해 더 이상 말할 힘을 잃었다. 그리고 어이없는 이 현실에 멍하니 그대로 주저앉아 버렸다.

한 시간 가까이 이 광경을 지켜보던 학교 관계자분들이 교육청에 전화하든, 경찰서에 전화하든 맘대로 하라고 그들 부부에게 화를 내며 학교를 떠났다. 그러자 그들도 슬며시 자리를 떠났다.

복도 쪽에서 스무 보 정도 떨어져 방관하는 자세로 바라만 볼 뿐 끼어들지 않던 남편을 향하여 난 원망스런 울분을 터뜨렸다.

'내가 그리 당하고 있는데, 당신은 왜 나를 그들에게 당하게 그냥 두었느냐'고 하소연 했다.

남편은 그게 나를 위하는 길이라며 만에 하나 잘못 끼어들었다간 내가 더 낭패를 당할까 봐 지켜만 보고 있었다고 한다. 그런 남편이 한없이 미웠다. 아내가 거칠고 막돼먹은 젊은 남녀 부부에게 막무가내로 폭언을 당하고 있는데, 왜 가만히 있냐고 그들이 간 다음 남편을 향해 울부짖었다. 온 몸에서 기가 다 빠져 나가는 느낌이 들었다. 가슴이 답답해져 오더니 숨이 막혔다. 동공이 풀리고 눈이 감겼다. 몸에 긴장이 풀려 스르르 옆으로 넘어갔다. 옆에 있던 딸과 남편, 여선생이 쉴 새 없이 물을 먹이고 얼굴에 수건을 갖다 댔다. 한참 후에야 정신을 차린 나는 한없이 주저앉아 또 울어댔다.

'이럴 수도 있구나!'

'이렇게 어이없이 당하는 수도 있구나!'

'그래서 억울해서 죽는구나!'

살아가야 할 의미가 없었다. 갈기갈기 찢긴 마음은 지금 무엇으로도 치료가 되지 않았다. 여러 사람 앞에서 너무나 큰 창피를 당했기 때문이다. 고개를 들고 학교를 나갈 수도 없었다. 아무런 잘못도 없는 가운데 왜 그리 당했는지 알 수 없는 노릇이었다. 어이없이 갈기갈기 난도질당했다는 생각에 죽음이 눈앞에 가까이 다가옴을 느꼈다.

밤 8시가 넘어갈 즈음, 학교를 나와 병원도, 집도 아닌 평소 잘 가던 가까운 곳에 위치한 절로 데려다 달라고 남편에게 하소연 했다. 나를 말려도 소용없자 남편은 나를 데리고 절로 차를 몰았다.

절 입구에 도착하자 갑자기 쏟아지는 빗줄기에 또 서러웠는지 옆에 살고 계신 친정 엄마를 불러 달라며 애원했다. 이 시간만큼은 나를 잘 이해하던 큰 딸도, 자상한 남편도 내게는 큰 위로가 되지 못했다. 그저 엄하고 딸들을 무섭고 매정하게 키웠던, 아들만 위하는 친정 엄마만이 보고 싶었을 뿐이었다.

또 자존심에 상처가 생겼다는 충격은 나를 받아들이기가 힘들었다. 이것이 마지막이란 생각이 들었다.

개 짖는 소리에 여스님이 우산을 쓰고 나왔다.

스님은 엄마를 보더니,

"아니, 보살님 여기서 비도 오는데 왜 그러고 계세요?"

"지금 딸이 아파요. 학부모한테 모함을 당했데요. 몸도 약한 아인데, 속상해 죽겠어요."

"그럼 병원에 가셔야지, 왜 그러고 계세요?"

"딸이 병원은 가봐야 피만 빼고 바늘만 꽂아대니, 안 간다고 여기 오게 해달라고 부탁했데요."

젊은 스님의 말과 행동이 빨라졌다.

"그럼 얼른 데리고 들어오세요."

남편 등에 업혀져 들어온 나는 법당 부처님 앞에 눕혀졌다. 손 다리가 얼음처럼 차가워져 무뎌졌고, 얼굴 전체로까지 경련이 올라와 얼굴 한 쪽에도 마비가 오고 있었다. 열을 뺏겼는지 몸은 사시나무 떨듯 떠는 나를 향해 두 명의 여스님이 달라붙어 열 손가락 끝을 따고, 열 발가락 끝을 수지침으로 땄다. 따스한 물도 수시로 먹이고 딸, 남편, 엄마가 함께 달려들어 주물러 댔다. 큰 스님만 먹는 값비싼 청심환을 먹이고도 쉽게 몸에 경련이 가라앉지 않자 양손바닥 전체를 수지침으로 찔러대기 시작했다. 손끝과 발끝은 이미 찔러도 피가 나지 않았기에 응급으로 처해진 비법이라고 했다. 한 시간 가량을 다섯 명이 돌아가면서 내 기력을 회복시키는데 안간힘을 썼다. 차차 희미했던 의식이 되돌아오고 손바닥은 벌집을 쑤셔 놓은 것 같이 아파왔다. 스님이 손바닥에 약을 발라 주었다. 그리고 당뇨를 앓고 있는 나를 위해 방울토마토와 누룽지 밥도 챙겨 주셨다. 그렇게 나는 법당 부처님 앞에 두 시간을 누워 있었다.

다음 날 아침, 남편은 눈이 퉁퉁 붓고 벌겋게 충혈 되어 눈곱이 달라붙어 눈도 제대로 뜨지 못하는 나를 데리고 안과와 한의원을 찾았다. 내가 한의원에 왔다는 소식을 접한 친정 엄마는 두 다리가 성하지 않으신 데도 한걸음에 달려 왔다. 평소 엄마가 잘 다니는 한의원이기에 엄마는 의사선생님을 두 손으로 꼭 붙잡고 눈물을 글썽이시며 부탁하셨다.

"선생님, 제발 우리 딸 좀 살려 주세요. 저 애가 약하게 태어났는데 배까지 곯아서 몸이 약해요. 거기다 백일해, 천식, 홍역까지 한꺼번에 앓아서 죽을 고비 몇 번 넘겨 살려놨어요. 몸이 약하니까 경기를 자주 일으켜 다 죽어가는 애를 지애비가 자전거에 태워서 밤이고, 낮이고 콩나물 궤짝에 실어 십리 길을 데리고 다니면서 희망 없다는 애를 간신히 살려 놓았어요. 가다가 죽은 것 같아 '기영아,'

하고 몇 번 부르면 그제야 모기만한 소리로 '예' 하는 소리에 '아직 살아 있구나!' 하시며 발걸음을 재촉했데요."

"그 땐 징그럽게 가난해서 고기도 못 사 먹이고, 먹일 것이 없어서 애 아빠가 개구리 잡아다 뒷다리 삶은 물에 밥 말아서 무릎에 앉혀 놓고 떠 먹여 살려 놓았어요. 애들 6남매 키우느라고 재들 클 때 약 한 번 못해 먹이고, 공부 시키고, 시집 장가보내느라 돈만 모으려고 힘썼지 보약해 줄 생각은 못했는데, 애들 언니부터 아프니 내가 지금 걸리는 게 그게 제일 속상해유! 그런데다 저 애가 요즘 자주 저렇게 실신을 하니 속이 말이 아니네요."

이젠 너무 고생해서 눈물조차 흘릴 게 없다면서도 어느새 옷깃으로 눈물을 훔치고 계셨다.

"시집보내면 그게 끝인 줄 알았더니, 남편 복도 지지리 없나! 약을 한 움큼 먹으면서도 직장 다니랴, 집안 살림 다하면서 애들 학원 안 보내고 공부도 다 잘 시키고, 저 글 쓰랴, 큰 며느리 노릇하랴, 시어른들 챙기랴, 어휴! 복도 지지리도 없는지 ……."

엄마의 푸념 소리는 계속 이어졌다. 아마 실직하고 집안 경제를 10년 넘게 나 몰라라 뒷전으로 미루고 매일 낚시만 다니는 사위가 원망스러웠던 모양이다.

끝도 없이 계속되는 푸념 섞인 엄마 말을 그만 하라며 막았다. 친정 엄마는 자식이 한둘이 아니고 여섯이나 되는 애들이라, 이 애 해주면 저 애가 걸리고, 저 애 해주면 다른 놈이 걸린다며 시집보내서도 자식을 위하는 친정 엄마 모습을 보이셨다. 엄마는 다른 자매에게는 말하지 말라며 내게 신신당부를 하고 아버지 몰래 감춰두었던 쌈지 돈을 꺼내 보약까지 해달라고 부탁하셨다. 잠도 제 때 주무시지 못하고 버신 당신 돈으로 시골에서 도시로 보내 6남매 교육을 책임지시더니, 대학 학자금에 시집 장가 밑천까지 쓰는데 돈을 아끼지 않으신 친정 엄마, 아직도 몸이 약한 자식들에게 해 줄 것이 많다고 생각하셨나보다.

맥이 하나도 안 잡힌다며 연신 이쪽저쪽 맥을 짚어 대던 한의사 원장님은 엄마에게 그렇게 하겠다고 안심시키고 1년이든, 2년이든 시간 날 때마다 와서 치료 받을 것을 권했다. 환자들 중에 이런 맥을 가진 환자는 처음이라며 말없이 흘러내린 눈물을 휴지로 살며시 닦아주셨다. 나보다 10년은 더 어려보이는 한의사 선생님 앞에 어린 애처럼 되어 버렸다.

한의사 선생님은 병원 갈 때마다 오늘은 괜찮았느냐며 항상 밝고 다정한 목소리로 반기신다. 난 그동안 있었던 일들을 어린 아이가 엄마에게 일러바치듯 털어 놓았고 의사 선생님은 내 이야기를 들어 주며 그렇게 풀어 버리라고 달래 주셨다.

다음날, 난 퉁퉁 부은 얼굴을 하고 화장기 없는 힘없는 모습으로 출근을 했다. 교무실에 들러 먼저 목이 쉬어 나오지 않는 목소리로 교감 선생님께 '지난 밤 죄송했다.'는 인사를 건넸다. 교감 선생님은 아무 말 없이 '됐다.'고 가라며 손을 내저으셨다. 교장 선생님께서도 이미 알고 계실 거라고 판단한 나는 교장실로 향하였다. 교장 선생님께도 본의 아니게 물의를 일으켜 죄송하다는 말씀을 올려야 한다는 생각 때문이었다.

그 날 마침, 학년 공개 수업이 시작된 날이었다. 수업 시작 되는 벨이 울려서 참관 하시러 들어가시는지 문 앞으로 급히 나오는 교장 선생님과 마주쳤다. 난 교장 선생님 얼굴을 고개 들고 똑바로 쳐다볼 수가 없었고, 특히 나를 좋게 생각하시는 교장선생님께 이 사건으로 누를 끼쳤다 생각하니 쥐구멍이라도 찾고 싶은 심정이었다. 한편으론 내 이야기를 듣고 나면 나를 다독여 주실 것이라는 생각이 더 먼저였을 것이다. 난 위로가 필요했다. 하지만 교장 선생님은 사건을 보고 받지 못하셨는지 이따 보자며 그냥 지나치셨고, 착잡한 심정으로 교실로 들어왔다. (물론 그 사건의 충격으로 난 아파서 일주일 동안 평소대로 활동을 할 수 없었다).

그렇게 점심 시간이 지나고 메시지에 글이 떴다. 교장선생님께서 보내신 글이었다.

"선생님……, 어떻게 해요……. 얼마나 놀라셨어요? 얼마나 화가 나실까! 어째서 우리 훌륭하신 선생님께 애들 돌봐 주셔서 고맙다고 해도 모자란데……, 속상하게…… 위로 드려요."

"이미 보고받으신 줄 알고 사건 경위를 말씀 드려야 한다고 해서 일찍 출근 했어요."

"어떻게 해요. 제가 어떻게 도와 드릴까요? 마음이 아프네요. 꼭 진정하시고 마음 푸세요. 제가 기도 드릴게요."

"선생님, 아까 교장실에 오셨을 때 반가웠는데, 3학년 참관 수업하러 가야 해서 잠시 난감했어요. 그 때 그런 아픔을 안고 오셨는데, 위로의 말씀도 못 드리고 죄송합니다. 무지막지한 사람들이 선생님 어렵게 해서 얼마나 힘드셨나요? 훌륭하신 선생님 고맙다고 하지는 못하고 속상하게 해드리다니 정말 제가 다 속상하네요. 속상한 걸 생각하면 맞대응해야 속이 풀리시겠지만 우선 진정하시고요. 위로 드립니다."

교장 선생님의 계속 되는 진심어린 메시지는 나를 위로하기에 충분했다. 난 그 생각에서 벗어나려고 노력했다. 예전보다 아이들과 더 장난스럽게 지냈으며, 나도 본의 아니게 그 엄마에게 말 함부로 했나 반성해 보는 계기도 되었다.

"교무부장님까지 오셔서 저 위로해 주고 가셨어요. 전 늘 외롭다고 생각 했는데, 제 옆에 든든하시고 좋으신 분들이 많으시네요. 망가진 모습 보여 드려서 얼굴 어찌 대하나! 속상하고, 민망하고, 창피해서 생각이 복잡했습니다. 이젠 행복해지네요. 신경 써 주셔서 감사드립니다."

그러나 하루 이틀, 시간을 두고 그 아이 엄마와 관련된 선생님들께서 교실로 찾아오기도 하고 출근하기 전 사건 경위를 묻는 전화가 집으로도 걸려 왔다. 마치 내가 피의자가 되어 심문 받는 꼴이 되었다. 그 아이에게 상처를 입힌 것처럼 말이다. 말은 금세 부풀려져서 내 귀로 들어 왔다.

'학부모하고 붙어서 몸싸움 했다는 데 그게 사실이냐?'

'공개 수업 시간에 아이에게 면박을 줬다는데 그랬느냐?'

난 아니라고 강하게 부정했고, 선생님과 학부모가 열 명 넘게 처음부터 참관해서 지켜보고 계셨는데, 그리고 그 아이 엄마는 수업 도중에 왔다가 가고 나머지는 차와 간식까지 먹고 가셨는데 그럼 다른 사람들은 눈감고 있었느냐며 반박했다.

"그 아이 엄마도 상처를 입었던데, 다음날 와서 내게 보여 주는데 선생님보다 더 많이 심해요."

내게 찾아와 그런 말 하시는 그 아이 담임 앞에 난 떳떳하게 말했다.

'오수'에게 한 번도 면박을 준 일도 없었고, 특히 혼내는 일은 더더욱 없었다. 그 아이와 나 사이엔 아무런 일도 없었고, 오히려 배시시 웃으며 내게 다가서는 모습에 난 그 아이가 사랑스럽고 귀여워 보듬어줬을 뿐이다.

'오수'는 산만하여 가만히 있지 못하는 성격이었고, 교실을 들락날락하면서 활동에 집중하지 못하고 오히려 다른 아이들에게 피해를 주었으며, 시도 때도 없이 30분마다 교실 전화로 엄마나 언니에게 전화를 해댔기에 꼭 필요한 전화만 하라고 타일렀을 뿐이다.(그 일로 엄마가 나중에 큰 소리를 치기 시작했다. 왜 자기 마음대로 전화를 못쓰게 하느냐고)

몇 번을 반복하고 반복해서 사건의 경위를 설명하면서도 운이 없는 날이어서 그런 거라고, 넘기자, '액땜 했다고 여기자', 그렇게 지나가고 있었다.

이틀이 흘렀다. 다 끝났다고 나만 마음 추스르면 된다고 그렇게 생각했는데 그게 아니었다. 교감 선생님이 우리 교실로 오셔서 나를 찾았다. 그 아이 엄마가 오늘 왔다 갔다며 '자기가 감정이 격해서 그랬으니, 없던 일로 하라.'고 했다는 것이다. 그리고 나에게 오후 4시경에 정확히 전화해서 감정이 격해서 그랬다고 아이 엄마에게 사과하며 '아이를 다시 돌봄에 나오라고 하라' 이르고 가셨다.

난 윗분 말씀이라 내키지 않았지만 억지로 '예' 라고 대답하곤 교실로 들어 왔다. 또다시 복받쳐오는 서러움에 눈물이 강을 이루고 바다를 이루었다. 크게 마음을 다잡아야 할 것 같았다. 약속한 시간이 얼마 안 남았기에 한 시간 고민 끝에 결론을 내려야 했다.

'왜 꼭 4시라고 강조 하셨을까! 그 시각이면 아이들 활동 시간이라 한참 바쁘다.'고 4시 30분에 전화 하겠다고 말씀 드렸지만 몇 번을 반복해서 그 시간을 강조 했기에 아이 엄마가 무슨 꼼수를 부린다는 생각이 뇌리를 스쳤다.

누군가와 상의가 필요했다. 또 혼란스러워지기 시작했기 때문이다.

남편에게 전화를 걸어 말을 전했다.

"자기야,"

"왜? 또 무슨 일 있어?"

평소 침착하고 사리 분명한 남편도 내 울먹이는 목소리에 긴장하고 있었다.

"교감 선생님이 다녀가셨는데, 그 엄마가 교감 선생님께는 찾아와서 사과 했는데, 나 한테는 오히려 사과하라고 했나 봐. 난 정말 억울해 미치겠어. 나 사과 안 할래. 사과하고 싶지 않아. 무엇을 잘못했다고 사과 하라는 거야?"

"응, 알았어. 내가 보기에도 그건 아냐. 당신이 절대 먼저 사과하지 마."

마음을 추스르고 교장실로 발걸음을 옮겼다. 내 생각을 분명히 전할 필요가 있었기 때문이다.

"오 선생님께서 가치관도 뚜렷하고 글 쓰신 것 보면 어떤 사람이라는 것 잘 압니다. 개인적으로는 선생님 마음 가는대로 하라고 하고 싶지만, 솔직히 학교장 입장에서는 교육청에 학교 이름이 오르내리는 게 그렇습니다. 그래서 사건이 어찌되었든 지간에 참자, 학부모 상대로 싸워봐야 우리만 손해다. 오히려 미안하다고 하고 결말을 보고 새 출발 하자. 그리 서로 위로 한답니다."

교장 선생님께서는 본인이 죄를 지은 것처럼 미안해 하시며 나를 다독였다. 그러나 내 마음은 이미 굳어져 갔고 그 누구 말도 귀에 들어오지 않았다.

"저한테 이러지 마세요. 전 그 엄마한테 사과 안 해요. 아무 일 없었던 것처럼 그냥 지나가라고요? 사과를 받기는커녕 오히려 저보고 사과하라고요? 그냥 아무 일 없이 막무가내로 당하기만 하였는데, 무엇을 잘못했다고 사과하라는 건가요? 아이야 다시 오든 안 오든 그 아이 한테는 죄가 없어요. 난 그 아이한테는 평소처럼 대할 겁니다."

그리고 더 답답해진 심정으로 교장실을 나왔다.

교실로 돌아오니 교장선생님께 메시지가 와 있었다.

"마음을 넓고 긍정적으로 생각하시고, 간신히 풀어진 마음 잘 추스르길 빕니다. 웃으면 우리 선생님 복이고, 화내면 우리 선생님 주름살 늘어요. 참고 웃으시길 빕니다."

그렇게 4시 약속 시간을 넘겼다. 그리고 셋째 날이 되었다. 가슴에 난 상처는 이제 피고름이 되어 썩어 들어갔다.

교감 선생님께서 우리 교실을 또 찾아 오셨다.

"그 엄마한테 어제 그 시간에 맞춰서 전화 했어요? 안 했어요?"

"바빠서 조금 늦게 전화 했는데요."

"내가 그 시간에 꼭 맞춰서 하라고 했잖아요. 지금 다시 전화하세요. 다른 말 하지 말고 내가 감정이 격해서 그랬다고만 해요. 정확히 10분 후예요."

난 내키지 않아 머뭇거리다가 그렇게 하겠다고 진지하게 대답하였다. 그리고 수화기를 들까말까 망설이다가 큰 숨을 몰아세우고 심호흡을 했다. 수화기를 든 손이 떨렸다. 번호도 눈에 들어오지 않았다. 몇 번 누르기를 반복하다가 상대편에 걸리는 신호음 소리가 잡혔다. 상대편은 전화를 받으면서도 '여보세요?' 라든가, '예' 등 아무런 반응도 하지 않고 지금 내가 전화할 것을 마치 알고 있다는 것처럼 수화기만 들고 있었다. 적막한 긴장감이 흘렀다. 무슨 꼬투리를 잡아 다시 나를 올가미 씌우려고 쓰는 수법 같이 느껴졌다. 어차피 전화까지 했는데, 여기서 그만 둘 수는 없었다. 용기 내어 상대방의 신분을 확인했다.

"여보세요, 거기 오수네 집 맞죠?"

"그런데요? 왜 전화 했죠?

"오수 어머니 맞으세요?"

"네."

"교감 선생님이 전화 해보라고 해서……."

"그런데요? 그렇게만 말씀하시던가요?"

잠시 머리가 어지럼을 일으켰다. 또 교실 전화기가 울려댔다. 어머니께 잠시 후에 다시 전화 하겠다며 수화기를 내려놓았다.

'이대로 또 당할 수는 없었다. 교감 선생님이 원하는 대로 해줄 것이다. 그리고 당당히 난 그들 앞에 고개를 떨어뜨리지 않을 것이다.'

핸드폰을 들고 교무실로 향하였다. 그 엄마가 내 말꼬리를 잡고 화를 돋우고 있었기 때문이다.

교감 선생님 앞에서 직접 통화 하겠다며 선생님 책상 앞에 핸드폰을 내려놓았다. 그리고 나중을 생각하여 녹음기를 작동한 다음,

내가 그 여자와 통화 하는 목소리를 여러 사람이 듣도록 했다.

"여보세요."

"예"

"제가 감정이 격해서 잠시 막말을 했나 봅니다."

"그래서요?"

"본의 아니게 죄송했고요. 오수, 아이들이 기다리니까 돌봄 교실 보내 주세요. 애들이 기다려요."

순간 난 거짓말을 하고 말았다.

"……."

"화 나셨다면 푸세요. 죄송합니다."

난 연신 상대방에게 사과하며, 그녀도 함께 미안했다고 대답해 주던가, 아님 괜찮다고 대답 해주길 바랐다. 그래야 얼른 그 여자 목소리에서 벗어날 수 있었으니까.

하지만 그녀는 내가 알고 있는 그런 부류가 아니었다.

"뭐를 잘못했는데요?"

주위에서 궁시렁 거리며 그 엄마를 탓하는 소리가 들렸다. 시끄러운 소리에 눈치를 챘는지, 잠시 침묵이 흐르는가 싶더니 상대방의 길고 긴 변명이 전파를 타고 넘어왔다.

"선생님이 그렇게만 나오지 않았어도 제가 그냥 이해하고 넘어가려고 했는데……."

그녀의 변명 소리를 듣고 있던 시간이 아마 5분 이었을 것이다.

그런데 50분처럼 느껴졌다. 다들 그녀의 말과 다른 행동에 넌더리를 치시고 자리를 피하셨다.

그 시간 동안 빨리 끝났으면 하고 바라는 마음은 내 평생 지겨운 수학 시간에도 없었을 것이다.

난 교감 선생님부터 순서대로 돌아다니며 다시 한 번 본의 아니게 물의를 일으켜 죄송하다며 고개를 숙이고, 내가 진짜 잘못해서 사과하고 싶어서 사과한 것이 아님을 분명히 밝혔다.

저 하나만 생각하면 저도 명예훼손으로 가만 안 있으려고 했다고 윗분들이 제게 잘 대해 주시고 학교를 먼저 생각했기에 제가 물러난 거라고 분명한 어조로 전했다.

사실 교장 선생님과의 개인적 친분으로 인하여 내가 잘못했든 안 했든 누를 끼쳐 드리고 싶지 않았기 때문이라고 하는 게 맞았다.

그렇게 끝났다고 생각했다.

한 달 후, 방과 후 간식비를 담당하시는 선생님께 연락이 왔다. 오수엄마한테 전화를 해보라는 것이다. 간식비가 너무 많이 나갔다고 항의하는 전화가 몇 번 왔다는 것이다. 나는 그 선생님께 설명해 주고 내 소관이 아니라며 행정실로 문의 할 것을 요구했다.

그런데 다음날 또 방과 후 담당 선생님에게 다시 전화가 왔다. 아무리 설명해도 고집만 부린다며, 내가 직접 설명해 주라는 것이다. 난 내 일이 아니고, 그 엄마와 다시는 통화하고 싶지 않다며 거듭 말해 주었다.

또 다시 걸려 왔다. 왜 자꾸 나를 괴롭히느냐며 전화를 하지 않겠다고 화를 냈다.

우기는 엄마 상대로 무엇을 더 당하란 말인가!

내용인 즉은 6월분 간식비가 자기 딸이 11일 간식을 먹어서 11,000원만 나가면 되는 것을 30,000원이 나갔다는 것이다. 그동안 동네 슈퍼에서 비싼 값으로 갔다 먹던 간식을 올해 3월부터 학교 급식 업체다 맡겨 품질도 우수하고, 영양도 풍부해진 간식으로 바꿔서 하루 1,500원으로 올랐으며, 한 달 3만원 기준으로 한다고 반복해서 설명해 주었다. 그리고 그 공문은 일주일에 한 번씩 나가는 주간 계획안에 한 달간 반복해서 실었으며 3월부터 5월까지 3달간 그렇게 냈는데, 왜 이제 와서 그러느냐고 되물었다. 그 아이 엄마는 자기는 모르는 일이라며 한 번도 그런 걸 받은 일이 없다고 발뺌했다 한다.

그 학부모와 다툰 이후 내 몸은 급격히 나빠져 여름임에도 불구하고 손발은 얼음장처럼 차갑고 가슴 위쪽으로만 시도 때도 없이 흘러내리는 땀과 함께 이상 증세가 찾아 왔다. 그 일만 생각하면 갑자기 화가 머리까지 올라와서 금방 머리가 자주 아파왔고 속은 미식거리는 증세로 헛구역질까지 해댔다. 뱃속도 위장 속까지 차가웠다. 아무리 뜸을 뜨겁게 올려도 얼굴과 머리에서는 땀으로 뒤범벅이 되는데, 배 위에 올린 뜸통은 전혀 따스함을 느끼지 못했다. 열을 조금씩 아래로 끌어 내리는 치료와 함께 피를 전신으로 돌게 하는 순환기 침을 맞았다. 한의원에 가면 다른 사람들보다 치료 시간이 배는 더 걸렸다. 의사 선생님은 시간에 구애 받지 않고 자기 가족 일처럼 극진히 치료에 심혈을 기울이셨다.

치료 받기 시작한 지 세 달이 되어 시월에 접어들자 아침저녁으로 부는 시원한 바람과 함께 맥이 조금씩 잡히기 시작하였다. 여섯 달이 지나 12월에 들어서니 배도 조금씩 냉기가 덜해져 갔다.

겨울보다 지독했던 지난 여름은 내게 상처만 가져다 준 것은 아니었다. 자신을 되돌아보고 반성할 줄 아는 깨달음도 가져다주었다.

스님이 매일 절에 나와 하루에 108번씩 100일 동안 내 전생의 참회 기도 할 것을 권하셨다. 난 흔쾌히 받아들였고 아침 일찍 일어나 절에 갔다 오던가, 출근 전에 절에 들르고 한의원에 들러 학교로 향하였다. 어느 땐 학교가 끝나기 무섭게 절로 갔다가 기도하고 한의원으로 갔다. 내 일상 생활이 꽉 찬 계획으로 흘러갔다. 날은 더워져만 갔고, 힘에 지친 나는 어느 땐 108번을 채우지 못하고 50번만 하고 참회록 경전 책을 읽다가 그 자리에 앉아 졸기도 하였다. 기도하니 몸은 고단해도 마음은 차차 안정을 찾아갔다. 산 속에서 기저귀는 새들 소리와 바람 소리가 내 친구가 되어 주었다. 전에는 무서워서 혼자 법당 안에 들어가기를 꺼려했는데, 그 참회 기도 시간만큼은 아니었다. 오히려 수능 시험 잘 보게 해달라고 드나드는 보살님들이 신경 쓰일 뿐이었다.

그렇게 한 달이 흘러 8월 중순에 접어들었다. 운동을 하지 않아도 땀으로 흘러나오는 수분에 몸이 퉁퉁 부어갔다. 정말 침으로도 견디기 어려운 날은 높고 험한 절을 찾아 기도를 드렸다. 주로 대구 팔공산 갓바위나 대둔산 정상에 있는 태고사 절을 찾아 수행을 했다. 그러면 며칠 동안은 일반인은 받아들이기 힘들 정도로 몸이 가볍고 날아다녔다고 표현한다. 한의사 선생님은 묻는다. 그 몸으로 어떻게 산을 올랐느냐? 다리는 아프지 않았느냐? 참 알 수 없는 노릇이다. 아무튼 더 생기가 도는 것 같으니 다행이라고 안심하신다.

백일기도를 꼭 이루고 말리라는 결심은 한 달을 넘기고 그만 두어야 했다. 성한 사람도 하기 힘든 일인데 아픈 몸으로 절까지 한다는 것이 무리라고 생각한 남편과 친정 식구들의 만류 때문이었다. 그러다가 한 번 더 쓰러지면 이젠 못 일어난다는 것이다. 기도 중에도 이미 열흘에 두 번 쓰러져 혼비백산한 가족들이 모두 내게 달려들어 주무르고 진정제를 먹이고 침으로 찔러 대기를 4시간 동안 계속 한 끝에 겨우 일어나 앉을 수 있었기 때문이다.

건강해지면 그 때 하라는 말을 듣기로 했다. 그리고 스님 말씀대로 죽은 목숨 이어가려니, 내가 가만히 있어도 주위 사람들이 내게 자꾸 시비를 건다는 말씀을 주워 깊게 새겨듣기로 했다.

고개 숙이고 올해를 잘 넘기라는 말이 내겐 반성의 시간이 되었다. 무조건 참아야 한다고 했다. 나는 그러겠다고 마음먹었다. 그리고 몸이 여유롭지 않게 더 바쁘게 살기로 했다.

다행히 7월부터 딸이 대학 교수님의 권유로 작가 지망생들이 모여 영화를 만들기 위한 시놉시스 작업에 나도 함께 참여하기로 했다. 11월 말까지 대전시와 대전 문화 진흥원에서 글에 능한 사람들을 뽑아 영화를 만들기 위한 시나리오에 처음 도전장을 낸 것이다.

워크샵과 피칭 대회를 끝으로 우리가 집필한 작품이 뽑히지는 못했지만 내 인생에 새로운 길을 가게 되는 징검다리가 놓여졌다.

난 내년에도 다시 도전할 것이다. 새로운 일을 찾는다는 것은 누구나 어려운 일이지만 그 일을 끝마친 다음에 오는 성취감은 말로 헤아리지 못한다.

누가 말했던가? '고난 뒤에는 반드시 행복이 온다고.'

난 요즘 늘 행복해 한다. 아니 행복을 만들어 간다는 말이 옳을 것이다. 주어진 환경에 감사하고, 주어진 삶에 감사한다. 주어진 일에 감사하고 내 곁에 머물러 있는 모든 이들에게 감사한다.

오늘도 난 다 가고 남은 책상에 앉아 자판기를 두드린다. 살아 있는 날까지 내가 하고 싶은 일에 새로운 꿈이 아직 남아 있다는 것을 깨닫기 위해서다.

* 2013년 12월 4일 (수)

제4부

함께 숨을 쉬는 세상

기록으로 남겨진 흔적

대전 정부 청사 북현관 안쪽 한 중앙에 마련된 휴식 공간이다.

쉬는 토요일이라 그런지 청사 안은 간혹 들리는 목소리와 출입문 여는 '삐' 소리, 가끔 들리는 구두 발소리 뿐, 내가 하고 있는 일을 방해하는 요소는 그리 많지 않았다.

이곳에 고등학교에 다니는 작은 딸 아이가 신청한 봉사 활동으로 한 시간 먼저 도착하여 대강당에 혼자 앉아 있는 내 마음이 두근거린 이유는 백일장에 참석하는 긴장 때문이 아닌 분명한 이유가 있었다. 조금 전 나를 이곳에 내려 주고 오늘도 낚시를 간다며 홀연히 사라져 버린 오랫동안 묻어둔 남편에 대한 원망이 하필 백일장이 열리는 이 시간에 꿈틀거리고 있는 건지 모를 일이다.

참으려 해도 볼 위를 타고 내리는 뜨거운 액체는 빨개진 눈동자 만큼이나 흉해 보였다. 슬며시 손수건을 꺼내 닦아 보고, 안구 건조증 약을 반복해 넣어도 보고, 잔잔히 흐르는 평온한 음악에 눈을 감고 감상도 하면서 내 마음을 다스렸다.

40여 분이 지나자 하나, 둘씩 찾아든 사람들로 인하여 불켜진 온화한 대강당의 기운이 흐트러지는 듯했다. 그리고 추위에 움츠려 떨고 있는 내가 보였다. 자리에서 일어나 따뜻한 차 한 잔 손에 쥐고 접수처에서 원고지를 받은 다음, 진행 요원에게 좀 더 조용하고 마음 편하게 글을 쓸 수 있는 곳을 물어서 이곳까지 오게 된 것이다.

이곳이 좋다! 마음에 든다. 그동안 눌러 왔던 이야기 보따리를 모르는 누군가를 향하여 보이지 않는 손짓으로, 들리지 않는 목소리로, 내 마음 가는 대로 술술 글로 풀어 놓을 수 있다는 안도감이 든다.

내게 쥐어진 스마트폰 속의 기차 승차 시간은 10여 분을 남겨 놓고 있었다. 여느 때 같으면 적지 않은 시간인데 내가 안절부절 못하고 당황한 이유는 올해 지천명 선에 이른 내게도 '치매' 라는 전조 증상이 나타났기 때문이다.

"저기요, 학생. 미안하지만 지금 내가 정신이 없어서 그런데 대전으로 나가는 길이 어디에요?"

난 중학생쯤으로 보이는 학생에게 고맙다는 인사도 하지 못하고 급하게 그곳을 빠져 나와 에스컬레이터에 몸을 옮겼다.

'여기가 어디지!'

'내가 왜 여기에 있는 거지!'

1분 정도였던 것 같다. 영화 속의 한 장면처럼 중앙의 나를 중심으로 카메라가 빙 돌아가고 있었다.

"이게 대전으로 가는 기차 맞나요?"

"아뇨, 목포로 가는데요."

급하게 떠나려는 기차에 한 발을 올리고 앞 사람에게 다그쳐 물었다. 다행히 안내 하시는 분의 도움으로 기차에 올랐지만, 난 같은 시각, 같은 장소에서 두 번이나 아니 세 번 다른 곳을 향해 헤매고 있었다. 내 자리를 찾아 겨우 앉고서야 좀전에 일어났던 상황을 떠올렸다.

'분명 내 머릿속에서 무슨 일이 일어나고 있는 거야!'

'대체 무슨 일이 일어나고 있는 거지!'

집으로 돌아온 나는 아파서 학교에서 일찍 돌아와 자고 있던 딸을 깨워 말을 더듬거리며 멍한 표정으로 간신히 이어갔다.

"엄마가 집을 잃을 뻔 했어."

"그게 정말이야? 그런데 어떻게 찾아 왔어?"

"어떤 학생에게 물어 봤어."

나에게 바싹 다가온 딸이 나를 껴안고 어깨를 토닥여주었다.

난 딸에게서 잠시나마 일찍 부모와 떨어져서 객지에서 혼자 자취하며 살아왔기에 친정 엄마의 품이 늘 그리웠던 엄마 품이 느껴졌다.

"괜찮아, 이젠 됐어. 여긴 집이니까 엄마 마음 놓아도 돼."

나를 안심 시키고 내 핸드폰을 빌려 들고 일어선 딸이 제 방으로 가더니 잠시 후에 쪽지를 가지고 다시 왔다.

"엄마 이건 우리 가족 이름과 전화번호, 그리고 주소를 적은 메모인데, 이걸 잘 보이는 지갑 속에 이렇게 넣어 놓으면 좋은 사람들이 이걸 보고 전화해 줄거야. 그리고 여기 엄마 핸드폰 표면에 이렇게 우리 가족 전화 번호를 기록해 넣었어. 혹시 엄마가 이걸 보면 기억 나지 않을까 해서."

다음 날 공교롭게도 종합 병원 신경정신과에 예약을 해놓은 나는 의사 선생님께 그동안의 경과와 어제 있었던 일을 말씀 드렸고, 선생님은 나에게 2010년에 찍은 머리 MMR 사진을 보여 주셨다.

그 당시 머리로 올라가는 넓은 혈관 두 곳이 좁아져 있어서 그동안 어떻게 변하였는지 궁금했다며 다시 찍어 보자고 하셨다. 그리고 결과가 안 좋게 나타나면 미리 예방약을 먹자고 하셨다.

난 그러자고 담담하게 대답을 했지만 검사 뒤에 나올 결과와 잦은 두통의 원인인 막힌 뇌혈관에 대해서는 의사가 그동안 환자에게 말하지 않고 함구하고 있었던 사실에도 적잖이 놀래지 않을 수 없었다.

초등학교 돌봄 아이들을 맡고 있는 내게 아직은 퇴직 나이까지

10년은 더 일해야 하는데 어쩜 내가 생각하는 것보다 더 일찍 일을 놓아야 할지도 모른다는 불안감도 엄습해 왔다.

아이들을 귀가 시키고 난 뒤, 그날따라 억수로 내리는 창밖의 빗줄기를 바라보며 한없이 솟구치는 뜨거운 눈물을 참기는 힘들었다.

여러 가지 검사를 통해 나온 결과는 다행히 더 진행 되지는 않았지만 뇌기능이 좋아지는 약과 함께 치매 예방에 좋은 여러 가지 방법을 알려주었다.

요즘 난 전보다 메모를 더 자주한다. 일기도 자주 기록하고, 좋은 글도 꾸준히 받아 읽고 적는다. 가끔 노래도 들으며 마음도 안정시키고, 기억력에 좋다는 카드 게임도 하루에 30여 분씩 혼자 즐긴다. 35년 동안 써오던 가계부는 이제 쓰기 싫어졌지만, 작년에 시작해서 일 년간 방치해 두었던 내 블로그도 다시 들어가 만지기 시작했다.

내 삶은 오늘도 내 삶의 남겨진 흔적을 기록으로 남기며 흐뭇한 미소로 하루를 맺는다.

* 2014년 10월 26일(일) 오후 2시 30분
제7회 기록사랑 백일장에서
장소 : 대전 정부 청사

〈환경 사랑 백일장 '대상' 작품〉

〈생태 환경의 변화〉

함께 숨을 쉬는 세상

인류의 발전과 함께 인간이 살아가는 환경은 발전에 발전을 거듭하여 놀라운 변화를 가져왔다.

우리나라의 경우, 6.25 전쟁을 겪은 지 불과 60여 년이란 세월밖에 흐르지 않았건만, 내 나이 지천명을 코 앞에 둔 이 시점, 내 자신조차도 많은 환경의 변화를 겪었다.

어릴 적 주로 놀던 개울가의 개구리는 무분별한 농약 사용과 사람들의 마구잡이식 식용으로 인하여 보기 귀한 존재가 되었다.

학교에서 자연 시간에 실험용으로 사용하던 개구리는 요즘은 자라나 붕어로 대신한다.

풀을 뜯어 깨진 사금파리 조각에 반찬으로 담고 고춧가루를 대신하던 고운 황토 흙에 물을 풀어 갖가지 들꽃을 얹어 물김치를 담았다.

그렇게 자연과 함께하며 놀았던 어린 시절의 추억은 지금도 내 기억 속에 뚜렷이 살아 있는데, 사람들은 바쁘게 빠르게 변화하는 환경에 적응하며 갖가지 부작용을 겪으면서도 바쁘게만 살아간다. 마치 옛날 일들을 기억하는 건 '시간의 사치'라고 생각하면서 말이다.

요즘 아이들은 가까운 거리도 걷지 않고 부모님이 태워다 주는 차에 의지한다. 십리 길을 걸어 학교에 다니다가 간혹 지나가는 트럭이 비포장도로인 흙먼지라도 날리는 날에는 입으로 흙먼지가 들어가는 것을 막기 위해 뒤돌아서서 가던 길을 멈추고 두 손으로 입을 막고 눈을 꼭 감은 채, 먼지가 가라앉기를 기다렸다가 가야만 했다. 트럭이 지나간 자리는 앞이 안 보일 정도의 짙은 흙먼지가 우리를 위협해 왔고, 검은 교복 플레어치마는 뿌옇게 흰 교복은 누렇게 변해 버리기 일쑤였다. 그런 일은 그나마 다행이었다. 재수가 없는 날이라도 되면 트럭 바퀴에 자잘한 돌이 튀어 몸이나 다리에 맞기도 하였다. 비가 오는 날이면 패인 웅덩이에 빗물이 고여 지나가면서 우리에게 웅덩이 물을 흩뿌리고 지나가기도 했다. 우산으로 방향을 잘못 잡아 못 막기라도 하면 그 물은 어김없이 우리 얼굴이나 교복을 더럽히고 말았다.

등교 길이나 하교 길이 나쁜 일만 있었던 것은 아니었다. 어쩌다 소달구지나 털털거리며 매연을 뿜어대는 경운기라도 지나가는 날에는 어김없이 너나나나 할 것 없이 주인 몰래 찰싹 달라붙어 매달려가는 기분은 아마 비행기를 타는 기분보다 좋았다. 경운기가 잘 안 나가거나 소가 힘들어 하는 것을 알아차린 주인이 뒤돌아보고 우리를 향해 채찍이라도 휘두르려 치면, 우린 죽어라 도망가던 일들도 이젠 영화에서나 볼 수 있는 추억 거리가 되었다.

교통 수단의 발전은 날으는 자동차까지 만들어 내고, 마구잡이식 밀림 파괴는 인간의 생명을 위협하기에 이르렀다.

변명도 생소한 사스나 에볼라 바이러스는 단 시간 내에 인간의 생명을 빼앗아간다.

열대 밀림의 파괴로 지구 온난화 현상, 가뭄으로 인한 기후 재앙, 목재 부족, 산소 부족, 토양 침식, 사막화 현상 등의 문제점에 직면해 있다.

지구 온난화 현상의 직접적인 원인이 축산업의 온실 가스가 51%를 차지한다고 한다. 화석 연료 사용으로 인한 이산화탄소의 과다 방출로 온실가스 효과를 가져와 지구 대기의 온도가 올라가는 현상은 생태계의 변화, 물부족, 빙하의 해빙으로 인한 해수면의 상승을 보인다.

이러한 기후의 심각성은 해를 거듭할수록 더욱 심해져 봄도, 가을도 없어지고 농촌의 과수 열매는 지역 이동을 보인다. 바닷속의 물고기마저 난류성과 한류성 어종이 뒤섞여 잡힌다고 한다.

내가 살고 있는 집 주변 옆으로 흐르는 물길은 환경을 살리자는 사람들의 노력 끝에 생태 환경으로 조성 되었다. 아직은 물장구를 치며 노는 아이들도 쏘가리나 꺽지는 볼 수 없지만 개구리가 다시 사람들의 눈길을 사로 잡는 날이 오기를 바란다.

저녁이면 자전거로 바람을 가르며 씽씽 달리고, 산보를 하면서 자연을 사랑하고 노래하는 것이야말로 살아 숨 쉬는 생물들이 원하는 세상일 것이다.

* 제6회 환경보존 글짓기 대회
'대상' '환경부 장관상' 수상
2013년 6월 10일

나의 삶에 비친 고난의 기록

내가 논술 교사로 일한 지 5년, 결혼 전 대전의 어느 중학교에서 국어 선생님으로 잠깐 일하다가 임신과 함께 학교를 떠나 가정 생활에 충실해 왔다.

현명한 아내로, 지혜로운 아이들의 어머니로 생활해 온 지 10년, 둘째 딸 아이가 5살이 되면서 난 대학 평생 교육원으로 각종 자격증을 따러 다녔다.

동화 구연 자격증에서 글쓰기 · 논술 자격증까지 남들보다 뒤지지 않기 위해 부지런히 생활하던 어느 날, 임신이라는 소식에 그동안 활동해 오던 동화 구연 활동을 멈춰야 했다.

아들을 중시하던 집안이기에, 그것도 4대 장손인 남편 때문에 약한 몸으로 아들을 낳기 위해 몸을 조심해야만 했다.

위험하다는 시기를 다 넘기고 5개월로 접어든 어느 날, 대구 지하철 화재 사건이 일어나던 날 저녁, 그 안타까운 소식을 접하며 2시간 동안 텔레비전 속에서 눈을 떼지 못하고 그들과 함께 슬픔 속에 빠져있었다. 밤 10시 정도에 화장실에 가고 싶어 자리를 뜨려 했는데, 아랫배가 내려앉는 듯한 느낌에 허리를 펴지 못하고 화장실로 향하였다.

항문이 빠질 것 같은 느낌을 처음 느꼈다고나 할까!

그 강도는 시간이 갈수록 점점 심해지고, 더 이상 참기 힘든 고통에 병원에 전화를 했다. 다급하게 전하는 남편의 말소리에 난 이미 걷지도 못하는 몸으로 응급실로 실려 가고 있었다.

"아니, 그저께 병원에서 검사했을 때도 괜찮았는데, 왜 금방 자궁이 다 열렸는지 모르겠네요."라는 의사 선생님의 말씀에 난 아무 대답도 할 수 없었다.

밤부터 다음날 아침까지 아기가 나오지 못하도록 하는 조치가 취해졌음에도 불구하고, 진통은 계속 진행되어 이미 태반이 밑으로 다 내려왔다는 의사의 진단이 내려졌다. 5개월을 넘긴 사내 아이를 결국 포기해야만 했다.

친정 부모님은 딸의 심적 고통을 알았는지 내 옆에서 밤새 옆을 지키며 나를 다독거렸다.

"야, 아들 다 필요 없다. 딸이 더 잘한다고 하더라. 너도 봐라. 우리가 딸 다섯에 막내로 아들 하나 낳았지만, 아들은 장가가더니 더 심하더라."

'13년 전 9개월 된 아이도 의사의 오진으로 인하여 내 몸 속에서 죽어 2주 동안 썩어가고 있었는데, 또 내게 이런 일이 일어나다니…….'

'하느님, 부처님, 저에게 왜 이런 고통을 주시나이까?'

하염없는 눈물이 볼을 타고 시트를 적시고, 내 마음에 깊은 웅덩이를 만들어 놓고 있었다.

아기를 잃고 정신을 가다듬을 시간도 주지 않은 채, 또 다른 고난이 나를 기다리고 있었다. 10여 년을 데리고 있던 남편 직장의 여직원이 고객 돈을 횡령했다는 소식이 전해졌다. 남편은 나를 혼자 병실에 둔 채, 직장으로 달려가 사건을 수습해야 했다. 여직원은 2년 동안 10차례에 걸쳐 2억 8천을 꺼냈다고 자백했다. 한 달 동안 남편은 이리 저리 뛰어다니며 횡령해 간 돈을 회수해야 했다. 모자란 돈은 우리가 채워 넣어야 하는 형편이었으나, 다행히도 다 회수해 안도의 한숨을 돌려야 했다.

하지만 남편은 믿었던 사람에게 당한 배신감에 마음의 상처를 받고 은행 문을 나섰고, 지금까지도 마음속에 사건들을 담아두고, 사람들에게서 멀어져만 갔다.

아기를 잃은 5달 뒤, 난 다시 병원 병상에 누워 있었다. 이미 상할

대로 상해 못쓰게 되어버린 자궁 전체를 제거하는 수술을 받았기 때문이다.

그 후 5년 뒤, 난 새로운 일에 도전하는 캐리어우먼이 되어가고 있었다. 논술 선생님에서 방과 후 교실의 돌봄 선생님으로 아이들의 꿈을 함께 키워가는 선생님으로 거듭나고 있었다.

오늘도 난 내 인생의 한 부분을 기록으로 남기기 위해 하루를 충실히 보내는 일을 게을리하지 않는다.

* 2007년 5월 정부청사내에서
제1회 기록사랑 백일장대회
'동상' 수상

무서운 그 집, 새 치즈를 찾아서

새벽 5시를 알리는 알람벨 소리에 눈을 떴지만 쉽게 몸을 일으킬 수가 없었다. 바로 전날 1년 계약직으로 다른 학교에 계약을 했는데, 이력서를 내고 기다렸던 것이 풀린 데다 모임까지 있어 밤 11시가 다 되어 집에 돌아와서 그런가 보다.

서둘러 일어나 준비하고 서울 동국대에서 열리는 '만해 백일장'에 가야한다는 생각에 아직 잠에서 덜 깬 눈을 부릅뜨고 무거운 몸을 이끌며 목욕탕으로 들어갔다.

"애들아, 일어나! 빨리 백일장 가야지. 이러다 늦겠다."

밖은 아직 어둠에 묻혀 있었고 비까지 내리는 바람에 백일장 시작 시간까지 2시간 반 동안 갈 수 있을 지 걱정이 되었다.

이른 아침임에도 고속도로는 차들로 넘쳐났고, 앞 차가 뿌리고 간 빗줄기가 안개를 일으키며 온 시야를 하얗게 덮어버렸다.

난 운전하는 남편 옆에 앉아 아직 잠에서 덜 깬 중 · 고생이 된 두 딸이 잠들어있는 뒷좌석을 바라보며 지난 주 일요일에 대평리에 위치한 '영평사'에 갔던 일을 떠올렸다.

아이들을 모아 글짓기 공부를 가르치기 시작했는데, 나라 정권이 바뀌면서 영어 회화에 더 집중하도록 편성된 교과 과목에 스무 명이 넘는 아이들이 하나 둘 빠져 나가자 전공이었던 중학교 국어강사보다는 체면은 좀 구겨져도 초등학교 논술이 쉽겠다 싶어 초등학교로 눈을 돌리기 시작했다.

첫 초등학교 면접에 합격하기까지 아무런 걸림돌도 없이 동구에 있는 새로 지어진 판암초 논술 특기적성 선생님으로 처음 발을 들여 놓게 되었다. 최종 합격 소식을 듣고 준비하던 어느 날, 전 학년을 맡기로 되어 있는 내게 전화가 왔다.

고학년은 학교 선생님께서 논술을 지도 하신다는데, 그럼 선생님은 저학년을 지도하셔야 하는데 그래도 괜찮으냐는 것이었다. 난 서류상으로는 이야기한 것과는 좀 다르지만 지금 와서 포기할 수가 없어 저학년이라도 하겠다고 했다. 인원이 몇 안 되더라도 열심히 해서 저학년 엄마들에게 실력 있는 선생님으로 인정 받을 자신이 있었기 때문이다. 논술 수업 시간이 맞춰지고 수업 준비와 3달 지도 안까지 준비물을 마치고 수업을 시작하는 새로운 곳에서의 출발을 알리는 날, 조금은 발걸음이 떨렸지만 기쁜 마음으로 교무실 문을 열고 들어가 선생님이 권하는 의자에 앉았다. 젊은 여자 선생님이 내게로 다가왔다. 그리고는 내 귀를 의심하는 소리가 들려왔다.

"선생님, 저학년 논술하는 아이들이 한 명도 신청 안 했어요. 어떡하죠? 죄송합니다."

"아니, 지금 와서 이러시면 어떡해요. 애들은 미리 뽑았어야죠. 그리고 고학년도 제가 다 맡도록 하고 뽑은거 아니었나요? 그럼 고학년이라도 제게 주셔야죠."

"교육청에서 학교 선생님이 논술하기를 원하면 학교 선생님이 우선 순위고, 그 다음이 강사 선생님 이라고 하셔서……."

"그럼 저를 뽑지 말았어야죠? 난 이곳만 믿고 다른 곳은 안 하겠다고 했는데 지금 와서 이러면 곤란하죠."

"학교 선생님께서 갑자기 하신다고 하기에 저희도 어쩔 수 없이, 죄송합니다."

쭉 쳐진 어깨로 맥 빠져 나서는 모습이 세상살이가 맘대로 호락호락하지 않다는 것을 다시 한 번 알려주는 듯하였다.

그 다음 부터는 학교가 멀고 오래된 학교를 가려서 낼 상황이 아니었다. 또 어찌 될지 모르니, 있는 대로 다 내보자는 심산이었다. 이미 다 마무리가 된 상태에서 찬밥, 더운밥을 가린다는 것이 내게는 사치에 불과했다.

학교 규모는 작지만 집에서 더 가까운 곳에 이력서를 제출했다. 1차 서류에서 합격하고 면접을 보러 갔다. 처음 면접을 보던 당당함과는 다른 간절함이 스며있었다. 혹시나 하는 마음과 달리 최종 합격 소식을 들었다. 남편과 나는 서로 손바닥을 마주치며 지난 번 나를 당황과 좌절 속에 빠뜨렸던 학교를 원망한 것도 잊은 채 좋아했다. 그러나 그것도 잠시뿐이었다. 신청 인원이 열 명은 되어야 하는데, 일곱 명 밖에 신청을 안 해 폐강된다는 것이다. 운이 없어도, 정말 운이 지지리도 없다고, 실력이 없는 게 아니라고 내 자신을 다독이고 다독였다.

그렇게 삼재 운만 원망하던 시기, 3년 동안 팔려고 내놓았던 단독주택 2층 양옥집을 사겠다는 사람이 나타났다. 정말 다행이라고 생각했다. 친정아버지의 말씀대로 2층 전세에서 나오는 은행 이자 가지고는 살기 힘드니까 사는 집을 줄여가고, 대신 덩치 큰 빌라 집을 사서 아직 젊으니까 둘이 열심히 벌면 그곳에서 나오는 돈하고 모아서 빨리 벗어날 수 있을 거라는 암시를 주셨다.

전세로 남의 집에 들어가 사는 것이 거슬렸는지, 아님 아들 자식을 곁에 두고 싶은 엄마 마음인지 우리가 싫다고 하는데도 결혼 2년만에 억지로 집을 사주신 시부모님께 말씀드렸다. 어머님이 원하시는 가격에 맞춰 주겠다고 하는 사람이 나타났다고. 그러니 10년 가까이 살던 집을 팔고, 친정아버지가 권하는 빌라를 사겠다고.

시어머님은 일언지하 또 가격을 올렸고, 그 가격 아니면 안 팔겠다고 부동산을 다니며 내 놓은 집을 취소하고 다니셨다. 몇 년째 방해만 하고 다니시는 시어머님을 더 이상 원망만 할 수는 없었다. 남편을 구슬리기 시작했다.

'이 집에서 벗어나고 싶다고—'

'이 집에 이사 올 때 울었듯이 난 이 집이 처음부터 싫고 무서웠다고—'

'이 집에 이사 와서 신의 힘을 빌려 어렵게 딸 하나 얻고 무엇을 건졌느냐고—'

'난 이 집에서 잃은 게 너무 많다고—'

'이 기회가 내게는 마지막 기회라고—'

'그러지 않으면 당신과 이혼하겠다고—'

'딸 둘(당시 초5, 초1년)을 데리고 친정집으로 들어가겠다고—'

당신이 부모님을 설득 시키던가, 아님 나랑 헤어지자는 결단을 내리라고 냉철하게 내 마음을 전했다. 결혼 12년 만에 내 입에서 나온 두 번째 이혼 이야기였다.

'난 이 집이 좋다고, 집에 들어오면 마음이 편안해진다.'고 고집부리는 남편과 더 이상의 싸움을 하기 싫었다.

그 때는 정말 그런 심정이었다. 실직 후 3년이 지났는데도, 모아놓은 돈 다 쓰고 남의 돈까지 갖다 쓴 돈이 천만 원에 가까워졌다. 집안에서 꼼짝 않고 게임 속에 빠져 사는 남편에게 더 이상 기대할 수 없었다. 워낙 성실했던 남편이기에 주위에서 이런저런 곳에서 데려가려고 연락을 해왔다. 남편은 다 속임수라며 사람들을 못 믿어 했고, 내가 화를 내면 마지못해 이력서를 내러가거나 그 자리에 나가서 싫다고 거부하기 일쑤였다.

한 번은 이런 적도 있었다. 문학을 하시는 회장님께서 내 처지를 안타깝게 생각하셨는지 구청장 선거에 나가는 분을 도와 회계과 나온 남편에게 선거 자금 살림을 맡겼다. 단호한 내 입장에 마지못해 억지로 나가더니, 이런저런 핑계로 한 달 만에 그 자리를 그만 두었다.

전과는 다른 반응을 보인 내게서 무엇을 느꼈는지, 남편이 고집 세기로 두 번째 가라면 서러워하실 시부모님을 찾았다. 나중에 서구 둔산동으로 이사 와서 안 일이지만, 부모님의 허락을 받아냈다는 남편의 말은 나를 안심시키기 위한 선한 거짓말이었다. 자기 아버지는 배우신 분이기에 꽉 막히지 않았다며 장인 어른이 말씀하신 건물과 금액, 그리고 거기서 나오는 돈까지 자초지종 설명했다는 것이다. 하지만 시부모님께 들은 이야기는 돈은 얼마를 주든 무조건 팔아넘기겠다며 고집을 부리고 가는 아들이 정말 그럴 거 같아서 내리신 결론이라고 하셨다.

지금은 그 때 내린 우리 부부의 용감한 행동으로 인하여 칭찬도 듣고 시동생들, 시부모님까지 단독 주택 대신 비록 살림집은 작은 공간으로 생활은 바뀌었지만 빌라를 갖게 되는 주인이 되었다.

시동생의 배려로 장가들 밑천을 우선 빌려 무일푼으로 빌라를 산 우리는 그 곳에서 나오는 조금한 돈으로 우선은 목마름을 면할 수 있었다.

빌라를 산 지 다섯 달 만에 시동생의 갑작스런 결혼으로 인하여 우리가족은 주인 세대가 없는 옥탑 방으로 쫓겨나는 신세가 되었다. 한 달은 남겨 두고 옥상에 큰 방 하나를 두고 그곳으로 이사하는데 양쪽에 있는 옥상에 서로 연결하여 조립식 방 2개를 만들기로 했다. 70평 가까이 되는 4층 전체를 다 쓰니 넓긴 하지만 마당을 두고 산 탓에 야외 공간이 없는 집은 답답할 것 같았다. 난 방 한 개만 들이고 나머지는 옥상으로 그냥 두자고 하였다.

그 곳 옥상은 우리들의 쉼터이자 놀이 공간, 자연 학습실이 되었다. 밤이면 달과 별을 볼 수 있었고, 비 오면 비 오는 대로, 눈이 오면 눈이 오는 대로, 1층으로 내려가지 않아도 맘껏 즐길 수 있었다.

한 번은 이사 온 다음 해, 여름 날 소나기가 내리는데 옥상에서 옷을 벗고 비를 마음껏 온몸으로 받아들인 적도 있었다.

갑자기 이사를 서둘러 서구로 거처를 옮기게 되자 가까운 거리에 일자리도 더 쉽게 구할 수 있었다. 특기적성 논술 선생님은 이미 시기를 놓쳐 버렸지만 월요일부터 금요일까지 초등 돌봄 강사로 하루 4시간을 일하게 된 것이다. 첫 초등학교는 집에서 차로 10분 거리인 가장 초등 학교였다. 역사가 오래된 학교 만큼이나 교장 선생님과 교감 선생님, 담당 선생님까지 인심이 후덕하셨다. 교장 선생님의 돌봄 교실에 대한 애정과 관심으로 교실에 수시로 들러서 여러 가지 어려운 점을 물어 보셨고, 언제든지 어려운 점이 있으면 말하라는 따스한 말씀도 잊지 않으셨다. 그리고 이곳은 선생님 교실이자, 선생님이 원장이니 마음대로 하라는 격려까지 해주셨다.

처음 하는 분야의 일이라 생소하고 서툴렀지만, 담당 선생님의 배려와 인자함을 겸비한 인격에 일 년을 마음 편하게 아이들과 지낼 수 있었다. 그 분들 덕분인지 그 해 대전시에서 돌봄 최우수상을 받아 상금 천만 원을 받았다고 모두들 좋아하셨고, 교실에 무엇이 필요하냐며 당시 대전 어느 학교 어디에도 없는 세균 멸균기와 공기 청정기, 정수기까지 놓아 주셨다. 그리고 내가 구입하고 싶은 책과 교구, 교재까지 사주시는 바람에 아이들은 싫어하는 위인전을 쉽고 재미있게 접할 수 있어서, 흥미를 더해 배워 갈 수 있는 계기가 되었다.

그 다음 해는 돌봄 교실 소문을 듣고 찾아온 학부모들로 인하여 한 반이 20명이던 인원은 50명이 넘게 신청하게 되었다.

한 학교에 2년 밖에 근무하지 못하게 한 규정으로 인하여 1년이 끝나갈 쯤이 되면 다른 학교에서 낸 구직 소식을 찾아 이곳저곳에 이력서를 제출하러 다녀야 했다. 3년을 일하다가 거리가 너무 먼 탓에 집 근처에 있는 조건 좋은 학교로 옮겨야겠다고 생각하고 둘째 딸이 졸업을 하자마자 난 당당하게 이력서를 내고 면접 시험을 보았다. 하지만 '다음 기회에 다시 와주세요' 라는 메시지와 함께 그

후로 벌어졌던 일들은 나를 2주 동안 혼란 속에 빠뜨리게 만들었다.

한 달 전부터 똑같은 조상 꿈을 3번이나 반복해서 꿨던 꿈은 날 절로 향하게 만들었다. 일주일 전부터 음식을 조심하고 몸과 마음을 청결히 한 후, 7일이 지난 다음 남편과 아이들을 데리고 집에서 40여분 걸리는 '영평사'에 도착했다.

3년 전 구절초 축제에 왔다가 '나무아미타불 관세음보살' 합창 소리에 이끌려 법당으로 들어서 나도 모르게 108번의 절을 하고 마음의 안정을 되찾았던 곳, 1년이면 서너 번 오던 곳이라 가는 길이 익숙 했지만 세종시가 들어서면서 영평사로 들어가는 길은 없어지고 임시로 만들어진 구불구불한 길로 한참을 돌다 겨우 절 입구까지 찾아갈 수 있었다.

절 입구에서 흘러나오는 '나무아미타불 관세음보살' 음악 소리와 함께 법당으로 들어갔다. 두 딸과 나는 약속이나 한 듯이 합장하고 부처님을 향하여 몸을 숙이고 있었다. 염주를 돌리면서 108번의 절을 했는데도 몸은 절로 계속 숙여졌다. 점점 지쳐가는 몸을 추스리고 자리에 앉았을 때는 몸은 흥건히 땀으로 젖어 있었다.

그냥 내가 마음 가는 곳에서 인연을 맺어 1년 동안 일을 하게 해달라고 빌었다. 정성이 부족했던지 내 기도는 쉽게 이루어지지 않았다. 부처님은 내 소원을 쉽게 들어주지 않은 것이었다.

여섯 군데 이력서를 내고 두 학교에 가서 면접 시험을 보았다. 열이면 열 모두 합격하던 나였는데 다 떨어지고 만 것이다.

'나이 탓일까! 아님 내가 너무 당당했나!'

별 생각이 다 났다.

'비록 멀더라도 지금 다니는 학교에 그냥 1년 더 있는다고 할 걸. 자존심 때문에 이것저것 다 놓치고 실업자 되는 것 아냐? 아니면 시기를 다 놓쳐 지금 다니는 곳보다 더 멀리 가야하는 꼴이 되는 건 아닌가? 그래도 내가 가장인데 놀 수는 없어. 먼 곳이라도 내일 면접 보러 가자. 아직 희망은 남아 있으니까…….'

이런 생각들로 번뇌하고 있었다.

30분 정도 앞당겨 방학에도 학교에 나오는 아이들을 집에 보내고 한 군데 이력서를 더 넣기 위하여 운전을 하고 가는 길이었다.

전화벨이 울렸다. 운전에 겁이 많았던 나는 받지 말아야지 생각했으나 손은 이미 전화기를 집어 들고 있었다.

"여기 문정초인데요. 오기영 선생님이시죠?"

"네, 맞는데요."

"저희 학교로 오실 수 있으세요? 선생님과 점수도 얼마 차이 안 나는데 그 분이 안 한다고 해서요."

"정말요? 진짜요?"

"그렇게 좋으세요?"

"그럼요. 저 그 학교 가려고 지금 학교에서도 더 있어 달라고 했는데 그만둔다고 했다가 실업자 되는 줄 알고 2주 동안 맘고생 많이 했는걸요. 고맙습니다. 정말 고맙습니다."

전화기를 내려놓은 손이 엉엉 흐느끼는 내 입을 막고 있었고, 흐르는 눈물로 앞을 가려 시야를 제대로 볼 수가 없었다. 그리고 부처님 감사합니다를 연거푸 토해내고 있었다. 소원 들어 주셔서 감사하다고.

2월의 마지막 날 내 손이 계약서에 사인을 하고 있었다. 내가 바라던 학교에 들어갈 수 있음에 다시 한 번 감사하며, 3월 2일부터 새 학교에서 새로운 아이들과 웃고 때론 울면서 1년을 무사히 지냄을 감사했다.

3월 첫 날, 몸은 좀 피곤하지만 백일장 대회가 열리는 장소로 향하는 내 마음은 어느 때보다 가벼웠다.

〈대통령기 독후감 대회작〉

변화의 길목에서

— "누가 내 치즈를 옮겼을까?"을 읽고

내가 변화라는 실제 속에 발을 내디딘 것은 올 봄 다섯 살 난 둘째 딸을 유치원에 보내고, 10년 만에 조그마한 사회 집단 속에 들어가면서였다.

그리고 미래에 대해 꿈꾸면서 사회 교육원에 등록 했다.

한 학기 동안 열심히 배우다보니, 무엇인가 희망이 보이는 것 같았다.

나도 뭔가를 할 수 있다는 자신감이 조금씩 움트기 시작했다고나 할까!

그러다가 '누가 내 치즈를 옮겼을까?' 라는 책을 읽고, 그동안 잠자고 있던 내 사고가 깨어난 것이다.

이 책에서 지은이는 스니프, 스커리라는 작은 생쥐와 우리와 같은 모습으로 생각하고 살아가는 꼬마인간 햄과 허라는 네 부류의 주인공을 설정해 놓고, 독자의 판단을 기다린다.

미로 속에서 각기 다른 생각과 행동을 가진 네 명의 등장 인물들은 '안주' 라는 감미로운 유혹과 '변화' 라는 험난한 여정을 통해 삶의 참 의미를 깨닫게 한다.

"치즈란 우리가 생활 속에서 얻고자 하는 직업, 인간관계, 재물, 근사한 저택, 자유, 건강, 명예, 영적인 평화 그리고 조깅이나 골프 같은 취미 활동까지를 모두 아우르는 개념이다." 라고 필자는 말한다.

우리는 '삶' 이라는 미로 속을 달리며 수많은 장애물과 부딪치게 되는데, 막다른 곳, 함정이 도사리고 있는 곳, 왔던 길을 되짚어 가야 하는 곳 등 바로 우리 자신이 개척해 나갈 통로를 보여줌으로써, 위기에 빠진 직장생활이나 결혼생활 그리고 인생을 새롭게 변화시키는 커다란 촉매제 역할을 한다고 이른다.

우리 가족은 이미 5년 전에 새 치즈를 찾기 위한 험난하고 고달픈 여행을 시작하였다.

10년 동안 계속되는 언니의 암투병과 홀로서기에 어느 정도 익숙한 두 동생은 그 동안 피눈물 나는 정신적 시련과 외로움에 싸워야 했다.

친정 부모님은 30년이나 하시던 직업을 과감히 청산하시고 자식들 곁으로 오셔서 새로운 직업을 선택하셨다.

부모님이 안정적인 직업을 버리고 새 치즈를 찾아 떠나려 할 때, 주위 사람들은 모두 부모님의 변화를 두려워했으며 염려의 눈길을 보냈었다.

하지만 친정 부모님은 주위의 만류에도 불구하고 과감히 새로운 직업을 선택하셔서 새 치즈를 얻은 지 2년만에 부러움의 대상이 되셨다.

올 해 4년째, 혼자 된 서른다섯 살의 여동생은 아홉 살 난 남자 아이를 키우며 새로운 인생을 살아가고 있다.

대학 강사의 길을 버리고 결혼과 함께 편안한 삶을 추구했던 동생은 어느 날 갑자기 찾아든 남편의 죽음에 모든 것을 잃어야 했다.

준비되지 않은 예고였다.

동생은 이러한 변화를 두려워했고, 갑자기 찾아든 위기감에 몹시도 슬퍼했다. 훌륭한 교육자의 길을 가고 있던 남편은 IMF의 시련과 함께 많은 빚더미와 고통을 남겨놓고, 서른 네 살의 삶을 마감했다.

다섯 살 난 귀염둥이 아들은 여동생의 관심 속에서 벗어났고, 날이 갈수록 더해가는 금융권과 사채업자들의 압력에 동생은 우울증에 시달려야만 했다. 급기야는 스트레스로 인하여 머리 이곳저곳이 빠져 원형탈모증이 되었고, 마음씨 곱고 순진하던 동생은 무섭게 변해갔다. 어렵게 얻은 직장은 급여 차압으로 인하여 앞날을 내다보지 못하였다. 동생은 새로운 탈출구의 하나로 상속을 포기하였다. 그리고 욕심을 버리고 조금 남은 재산은 어려운 이들에게 돌려줬다.

어려운 일 뒤에는 기쁨이 온다고 하였던가!

3년 뒤, 동생은 전혀 새로운 환경과 직업을 만들어 가고 있었다.

누구의 도움 없이 묵묵히 미래를 향해 자기를 준비하고 있었던 것이다. 젊은 인재를 찾아 기술을 가르치는 헤어 디자이너가 되어 있었다. 그리고 동생 역시 '누가 내 치즈를 옮겼을까?' 라는 책을 읽고 깊은 감명과 용기를 얻어 미용 대학원에 다니게 되었다고 한다.

아직은 우리나라에서 무시되어 왔던 미용 분야 최초의 박사 학위를 받겠다는 야무진 포부도 가지고 있었다.

엄마의 새로운 변화를 눈치 챈 듯, 아들 역시 전국 수학 경시 대회에서 좋은 성적으로 우리를 깜짝 놀라게 했다.

사람은 누구나 변화를 두려워한다.

변화를 두려워해서 낯익은 세상 속에 머물러 있고자 하는 '헴'과 자신의 낡은 울타리를 벗어나기 위해서 안일한 생각과 미래에 대한 두려움을 극복한 '허' 중에 당신은 누구라고 생각하는가?

누구든 새로운 길을 향해 나아가기 위해서는 자기 스스로의 힘으로 개척해 가야만 한다.

우리는 지금 급격히 변화하는 시대를 살아가는 사람들이다.

어제의 삐삐는 이미 사라져 버렸고, 오늘의 핸드폰은 내일의 핸드폰이 아니듯, 우리는 변화의 노예가 아닌 주인으로서 새 시대를 열어가야 하는 것이다.

여러분! 이 나라의 주역이 될 젊은 꿈나무를 키우는 어머니, 아버지로서 우리 자신을 변화시켜 보시지 않겠습니까?

2002년 9월 13일
전국 대통령기 '우수상'

「칼의 노래」를 읽고

독서 감상문을 쓰기 대회에 출전할 책으로 나는 어떤 것으로 할지에 대하여 많은 고민을 했다. 영문학 3대 비극 중의 하나로, 캐서린과 히스클리프의 비극적인 사랑이야기를 담아낸 에밀리 브론테의 '폭풍의 언덕', 힘든 삶 속에서 희망을 찾아가는 이야기, 양귀자의 '원미동 사람들', 어리지만 이기심과 조건 없이 사랑할 수 있는 소년의 이야기, 도스토예프스키의 '작은 영웅' 등 모두 내 마음을 요동치게 만든 작품들이라 딱히 한 가지를 고르기가 무척 힘이 들었기 때문이다.

그 때, 마음 속 한편에서 뱃고동 소리가 들려왔다. 그 소리가 내

귓속으로 스며들자, 나는 씩 미소를 지었다. 힘찬 뱃고동 소리와 함께 들려오는 적군의 노 젓는 소리, 백성들의 가지 말아달라는 애원의 소리, 임금의 울음 소리를 듣고, 내가 어떤 책을 소개해야 할 지 갈피를 잡았기 때문이다.

그 책은 바로 김훈님의 「칼의 노래」이다. 이순신의 혼과 눈물을 담은 이 작품은 현재 영어, 프랑스어, 스페인어, 중국어, 일어 등으로 번역되어 세계인들의 마음까지도 요동치게 만들었다.

「칼의 노래」가 다른 작품들과는 달리 우리들의 마음을 휘저을 수 있었던 이유는 마치 이순신, 자신이 이 책을 쓴 것만 같은 착각을 불러일으키기 때문이다. 보통 역사 소설을 쓰면 위인의 업적과 명예를 치켜세워, 우리들에게 자긍심과 존경심을 심어주기 마련인데, 이 책은 전혀 그렇지가 않다. 조정편도, 왜놈편도 아닌, 무엇을 위해 싸우는 지도 모르고, 같은 인간의 목을 베어야하는 이순신의 마음을 섬세하게 묘사함으로써 독자들의 마음 속, 깊은 안쪽으로부터 안타까움을 자아내게 한다.

처음 이 책을 접했을 때에는 냉정하고, 잔인하게 적과 자신의 군대를 배반한 아군을 죽이는 이순신이 무섭다는 생각이 들었다.

'역시 무인은 무인일 수밖에 없는, 피도 눈물도 없는 존재인가?'

'순신 또한 그들을 베면서 아무런 느낌도 갖지 않는 무인일 뿐이란 말인가?'

그러나 순신과 더 많이 만날수록, 그도 우리와 같은 피와 눈물을 가진 인간임을, 두 눈과 귀를 닫고 목을 베어야만 하는 그의 울부짖음을 느낄 수 있었다.

그의 울부짖음은 여러 대목에서 들을 수 있다.

'살려 주자, 살게 하자, 살아서 돌아가게 하자…….'
내 속에서 나 아닌 내가 그렇게 소리치고 있었다. 아베를 죽여서는 안 된다는 울음과 아베를 살려두어선 안 된다는 울음이 내 몸 속에서 양 쪽 다 울어지지 않았다.

몸 속 깊은 곳에서 칼이 징징징 울었다. 가장 괴롭고 가장 선명한 길을 칼은 가리키고 있었다.

자신의 아들을 죽인 원수, 아베를 살려둘 것인가에 대한 순신의 갈등에서 그의 울음 소리는 선명하게 우리의 마음을 적셔온다.

나는 아베를 살려주자는 그도 불쌍했고, 아베를 죽여 원수를 갚자는 그도 불쌍했다. 그래서 나는 절대 눈물을 흘리지 않으려 했던 그 대신에 눈물을 떨어뜨렸다.

'그 날 나는 취했다. 내 마음 속에서 내 칼이 징징징 울면서 춤을 추었다. 저러한 노래, 저러한 시구를 이 세상에 남겨두어선 안 된다고, 진실로 이 남쪽 바다를 적의 피로 붉게 물들이지 않으면 안 된다고 내 술 취한 칼은 마구 울었다.'

적이 전쟁을 그만 두고 싶어 고국으로 돌아가려하자, 조용히 돌아가도록 놔두라는 왕의 명령에, 백성들과 동료들의 원한을 풀어줄 것인지에 대한 그의 갈등에서도, 그의 울음 소리는 칼의 울음 소리와 함께 뒤섞여 우리들의 마음을 휘저어 놓는다.

결국 순신은 그의 부하, 수철에게 이렇게 묻는다.

“수철아, 고향으로 돌아가겠느냐?”

“나으리, 이미 돌아갈 고향이 없습니다.”

“일본군과 명군은 돌아갈 고향이 있을 것이다.”

“나으리, 이 문서는 장졸들에게 발설치 마십시오.”

“너도 발설치 마라. 조정이 가엾구나. 우리는 가엾지 않다.”

나는 적을 치기로 한 순신에게 박수를 보낼 수 없었다. 그것은 충을 버리고, 생명을 앗아가는 행위였기 때문이다. 나는 그를 응원하지 못함에 가슴이 꽉 막혀옴을 느꼈다.

이처럼 「칼의 노래」는 읽는 이의 마음을 바다에 일렁이는 파도같이 이리저리 뒤흔들어 놓는다.

만약 그가 그 시대가 아닌 다른 시대에 태어났더라면 어땠을까?

전쟁의 무의미함에 그 두껍고 단단한 마음을 허물어뜨리는 일은 없었을 것이다.

그의 빛나는 업적이 아닌, 그 속에 감춰져 혼자서 몰래 울어야만했던 그의 아픔을, 함께 나눌 수 있도록 도와주신 김훈님께 감사하다.

군건하면서도 여린 마음을 가진 그의 가슴에 한 송이의 흰 백합꽃을 띄어 보낸다.

* 대전 지역 독후감 대회 '금상 수상

2009. 6. 14.(일)

그린 마일

비디오로 '그린 마일' 이란 영화를 본 감흥은, 내게 오랜만에 잔잔한 여운을 남겨주기에 충분했다.

이 영화는 전직 교도관 폴이 60년 동안 아무에게도 말하지 않고, 아니 말해도 어느 누구하나 믿으려 하지 않는 믿기 어려운 사실을, 사형수 감독 관직을 맡고 있을 때 겪었던 일을, 주인공 나이 108세 되는 해 요양소에서 함께 지내는 여자 친구에게 말하는 내용으로 시작된다.

전직 교도관 폴은 아침 시간이 되면, 늘 자신이 먹을 아침 식사를 주머니에 숨겨 몰래 요양소를 빠져 나간다. 그리고 언덕 위에 있는

'징글스' 라는 쥐가 살고 있는 오두막으로 가서 음식을 주고 쥐와 이야기를 하다가 돌아간다.

생쥐 역시 예전에 그랬듯이 지금도 여전히 실패를 굴리는 재주를 가진 쥐로, 죽어야 할 나이가 한참 지난 늙은 쥐였다.

교도관 폴이 사형수 감독을 맡은 44세 되는 해, 어느 때처럼 사형수가 교도소로 들어오고 항상 했던 것처럼 일상을 반복하며 지내던 어느 날, 그날은 폴에게 잊지 못할 특별한 날이었다.

키가 지척같이 크고, 덩치가 거인인 흑인 사형수 존 커피는 주인집 딸 둘을 살해했다는 죄명으로 저능아인 탓에 변호 한 번 못하고 얼마 안 되어 사형대에 오를 처지가 되었다.

교도관 폴이 요도염을 심하게 앓아 소변을 보지 못하고 고통스러운 날을 보내던 날, 거인은 폴의 요도염을 말끔히 낫게 치료하는 초능력을 발휘하게 된다.

믿기 어려운 거인의 초능력은 악질 죄수가 발로 밟아 죽인 징글스 쥐를 다시 살아나게 하고, 교도소장 부인의 뇌종양을 말끔히 치료 하기에 까지 이른다.

생명이 아직 끊기지 않은 것은 다시 살릴 수 있으나 주인집 딸들이 살해 되었을 때, 다시 살려 보려 하였지만 이미 때를 놓쳐 초능력을 발휘해도 소용이 없자, 거인은 두 여자 아이를 부둥켜안고 살릴 수 없었다는 죄책감으로 괴로워하다가 마을 사람들에게 붙잡혀 억울하게 살인범으로 몰려 이곳 교도소에 사형수로 왔다는 것도, 거인이 가진 초능력을 교도관 폴에게 손을 잡아 보고 느끼게끔 하여 거인의 진실을 알게 되었다.

악질 죄수 퍼시가 두 여아를 죽였다는 사실도 초능력을 통해 보게 되지만, 교도관 폴은 거인 존 커피가 살인자가 아니라는 사실을 알고도 살려보려 했으나, 증거물이 없어 진실을 제대로 밝힐 수 없음에 안타까워한다.

결국 지친 삶에 대한 스스로의 인생을 포기하는 거인 존 커피의 소원대로 사형을 집행한다.

어둠을 싫어하는 거인의 두려움으로 얼굴에 검은 천을 씌우지 않고, 머리에 물 묻힌 스펀지를 얹어 놓음으로 전기가 빨리 몸을 관통하게 하여 사형은 집행되고…….

잔잔한 음악과 함께 전기 불꽃이 화면을 가득 메우고, 뇌종양에 걸린 부인을 치료해 주고 선물로 받은 목걸이를 걸은 존 커피는 아주 편안하게 이 세상을 떠난다.

그 후로 교도관 폴은 부하 직원과 함께 교도소를 떠나 소년원으로 가서 어릴 때 비행 아이들을 사형수가 되기 전에 미리 선도 시키고자 직장을 옮긴다.

108세가 되어도 아직 죽지 않고 살아 있는 폴 자신과 징글스 쥐를 보면서 그 때 거인 존커피가 전해 준 초능력의 힘이 아직도 살아 있음을 느낀다.

거인 존 커피는 저능아이자 흑인 노예로 가진 것 없고 무능하다. 하지만 신은 그가 가진 천사 같은 마음으로 좋은 일에만 쓰라고 초능력을 지니게 했으나 억울한 누명까지 쓰고 죽게 만든다.

결국 영화는 가진 것 없고 무능한 자는 죽는다는 결론으로 오류를 남긴 채 영화의 여운을 남긴다.

이 영화는 우리에게 많은 것을 생각하게 한다.

보이는 것에만 의지하는 증거물에 대한 판단, 보이지 않는 주술적인 힘에 대한 이야기, 강한 자와 약한 자의 차별, 사형제도의 찬반론 등등 그 중 보이지 않는 신에 대해 언급하려 한다.

나 보다 두 살 위인 언니는 '혈관주의 조직암'이란 악성종양과 싸운 지 벌써 횟수로 15년째에 이른다. 현대 의학으로는 밝힐 수 없는 진실은 우리 집에서도 일어나고 있었다.

유명하다는 의사진과 한방을 두루 걸쳐 민간요법까지, 누가 좋다고 하면 지푸라기라도 잡는 심정으로 별의 별 방법을 다 써본 것이다. 해마다 거듭되는 네 차례에 걸친 수술은 환자를 지치게 만들었으며, 결국은 혈관을 따라 암세포는 전신으로 퍼져나갔다.

하지만 살고자 몸부림쳤던 언니의 강한 의지는 신을 감동시켜 '기'수련 하시는 스님을 만나면서 생명을 이어나갔다. '기'수련으로 매일 치료도 받고 자신도 함께 '기'수련으로 자신의 힘을 키우면서 암세포를 조금씩 몰아내고 있었던 것이다.

지금은 정상인보다 더 건강한 모습으로 살고 있지만 몸과 마음을 항상 다듬고 수련하는 일을 하루라도 게을리하지 않는다.

사람은 누구나 한 번은 죽게 되지만 제 생명을 다하지 못하고 중간에 가는 이들을 가까이서 지켜보면, 아등바등 살다 지쳐 가는 이들이 많다.

언젠가는 다할 운명, 그리고 남에게 피해를 주고 헤하면서까지 저만의 인생을 편히 살고자 하는 모진 사람들을 보면서 그들에게 말해주고 싶다.

보이지 않는 신의 손길이 있음을 알아야 한다고…….

간밤에 사라진 물고기

오기영 수필집

발 행 일 | 2015년 5월 30일
지 은 이 | 오기영
발 행 인 | 李憲錫
발 행 처 | 오늘의문학사
출판등록 | 제55호(1993년 6월 23일)
주　　소 | 대전광역시 동구 대전로 867번길 52(한밭오피스텔 401호)
전화번호 | (042)624-2980
팩시밀리 | (042)628-2983
홈페이지 | http://www.lito77.co.kr(홈페이지)
전자우편 | hs2980@hanmail.net

공 급 처 | 한국출판협동조합
주문전화 | (070)7119-1752
팩시밀리 | (031)944-8234~6

ISBN 978-89-5669-684-3
값 10,000원